PASSE-PAR

1

Daphne Philpot & Judy Somerville

Thomas Nelson and Sons Ltd
Nelson House   Mayfield Road
Walton-on-Thames   Surrey
KT12 5PL   UK

© Judy Somerville and Daphne Philpot 1997

First published by Thomas Nelson and Sons Ltd 1997

I(T)P ® Thomas Nelson is an
International Thomson Publishing Company

I(T)P ® is used under licence

ISBN 0-17-440155-8
NPN 9 8 7 6 5 4 3 2

All rights reserved.
No part of this publication may be reproduced, copied
or transmitted, save with written permission or in
accordance with the provisions of the Copyright,
Design and Patents Act 1988, or under the terms of
any licence permitting limited copying issued by the
Copyright Licensing Agency, 90 Tottenham Court Road,
London W1P 9HE.
Any person who does any unauthorised act in relation to
this publication may be liable to criminal prosecution and
civil claims for damages.

Printed in China.

Acknowledgements

Consultants:
Peter Spain
Nikki Garrett

Language checkers:
Marine Huchet
Christine As

Original songs:
Leah Boyd Barrett

Photography:
Allsport: pp.5, 56, 110, 118
Dave Elledge: p.76(B)
Image Select: p.5
Planet Earth Pictures: p.76
Renault: p.5
Tony Stone: p.99
Picture Research: Image Select
All other photos by Paul Rogers or supplied
by Thomas Nelson and Sons Ltd

Illustrations:
Nancy Anderson, Debi Ani, Atlas Translations,
Jeremy Bays (Graham-Cameron Illustration),
Brand O, Judy Byford, Justyn Chan, Steve Donald,
Lorraine Harrison, David Horwood, Jeremy Long,
Moondisks Ltd, Cambridge,
Julian Mosedale (Pennant Illustration agency),
Pat Murray (Graham-Cameron Illustration), Tim Oliver,
Ray Webb (Oxford Illustrators),
Allen Wittert (Pennant Illustration agency), Dave Wood.

Commissioning and development:	Clive Bell
Project management:	Diana Hornsby
Editorial:	Cathy Knill, Keith Faulkner
Concept design:	Eleanor Fisher
Production:	Mark Ealden, Elizabeth York
Marketing:	Rosemary Thornhill, Mike Vawdrey
Produced by:	Moondisks Ltd, Cambridge

Special thanks to the students and teachers at all the
schools which trialled Passe-partout, too numerous to
mention individually.

You will get to know this group of French friends.

Bleuet helps you with French sounds.

These characters help you to speak more French in lessons.

Look out for these in PASSE-PARTOUT.
They will help you to learn French.

An activity sheet to help you learn important words.

A cassette which you can listen to without your teacher.

Work which you can do on your own.

A cassette which you can listen to with your teacher.

Glossaire

Two lists to help you to find words and their meanings.

Pages 126 to 139

Instructions

A list to help you to understand French instructions in PASSE-PARTOUT.

Pages 140 to 142

Sommaire

EN CLASSE

La France

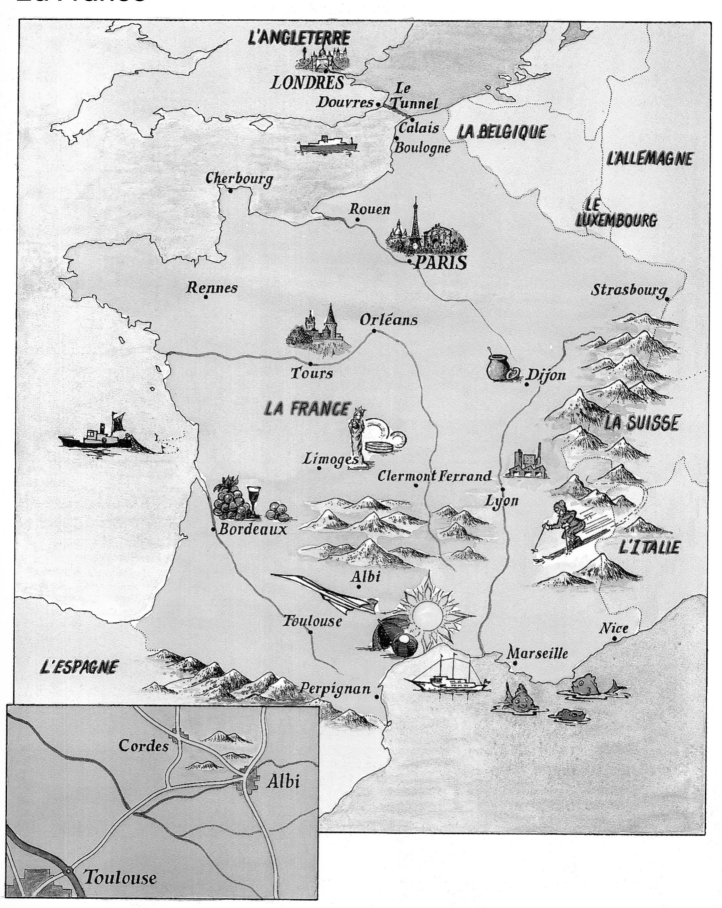

En France

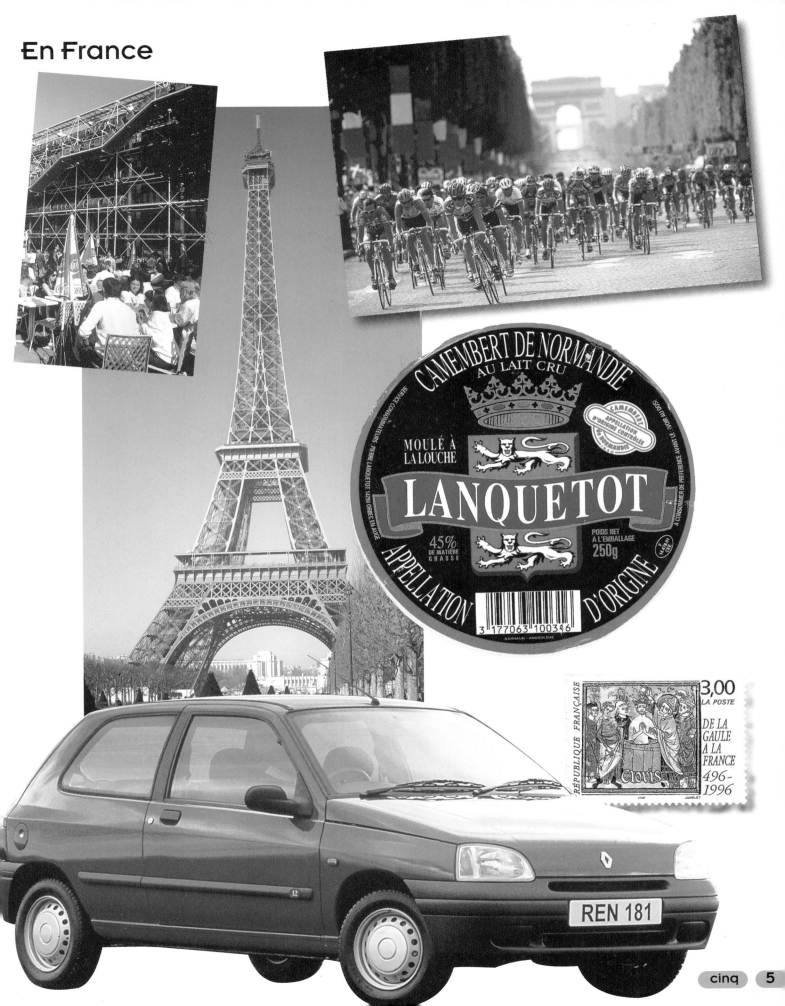

1 Bienvenue!

1 Salut!

2

lundi
8
juillet

3 Âge, numéros, dates

porte ouverte

1 Salut!

1 Salut!

Ecoute et lis.

2 Je m'appelle …

Ecoute et lis.

Bonjour! Je m'appelle Yannick.

Salut! Je m'appelle Sophie.

Salut! Je m'appelle Olivier.

Bonjour! Je m'appelle Sandrine.

3 Tu t'appelles comment?

a Ecoute et lis.

1

Salut! Je m'appelle Marc. Tu t'appelles comment?

Je m'appelle Frédéric.

2

Bonjour! Je m'appelle Louise. Tu t'appelles comment?

Je m'appelle Claire.

b A deux.

Exemple:

Numéro 2. Tu t'appelles comment?

Je m'appelle Frédéric.

1 Ça va?

a 🔊 Ecoute et lis.

b 🔊 Ecoute et lis.
Ecoute, lis et répète.

1 Ça va? 2 Ça va. 3 Et toi? 4 Ça ne va pas!

c 🏠 🔊 Ecoute et lis.

Bonjour Sophie. Bonjour Yannick.

Ça va? Ça va. Et toi?

Salut Louise. Salut Frédéric.

Ça va? Ça va. Au revoir!

2 L'alphabet cabaret!

🔊 Ecoute.

a b c d e f g
h i j k l m n o p
q r s t u v w
x y z *C'est l'alphabet français! Ohé!*

3 Ça s'écrit comment?

a 🔊 Ecoute et lis.

– Salut! Tu t'appelles comment?
– Je m'appelle Marc Aubry.
– Aubry? Ça s'écrit comment?
– A - U - B - R - Y.
– Bon, merci.

Club de Basket

MARC AUBRY

– – – – – – – – – –

b 🔊 Ecoute et complète.

c A deux.

Marc Aubry
Françoise Bal
Martin De
Paul   rd n
Michèle L   ux
Simon M
Anne - Marie

Tu t'appelles
comment?

Je m'appelle ...

Ça s'écrit
comment?

...

1 Tu habites où?

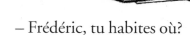

Ecoute et lis.

– Frédéric, tu habites où?
– J'habite à Cordes. Et toi, Marc. Tu habites où?
– J'habite à Albi.

2 Radio Jeunes!

Ecoute et regarde. C'est quel numéro?

Exemple: A – 6

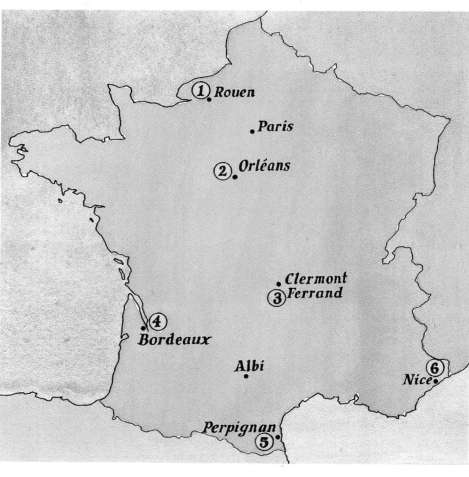

3 Villes rythmiques

Ecoute, lis et répète.

Moi, j'habite à Perpignan.
Tu habites où? A Rouen?
Nice? Bordeaux? Clermont Ferrand?
Non, j'habite à Orléans!

4 Au jardin public

Ecoute et lis.

Salut! Tu t'appelles comment?

Je m'appelle Marc.

Je m'appelle Sophie.

Et moi, je m'appelle Sandrine.

Tu habites où?

J'habite à Albi.

Salut! Ça va?

Salut! Oui, ça va.

Salut Marc! Tu joues au foot?

Mais oui!

Chouette! Au revoir, les gars!

1 Mes affaires

a 🔊 Ecoute et regarde. C'est quelle lettre?

Exemple: 1 – B

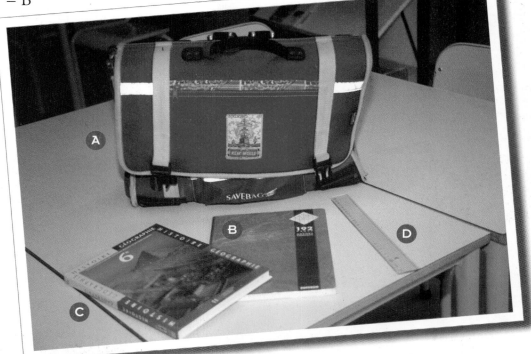

un cahier

un crayon

un livre

un sac

un stylo

un taille-crayon

une fiche

une gomme

une règle

une trousse

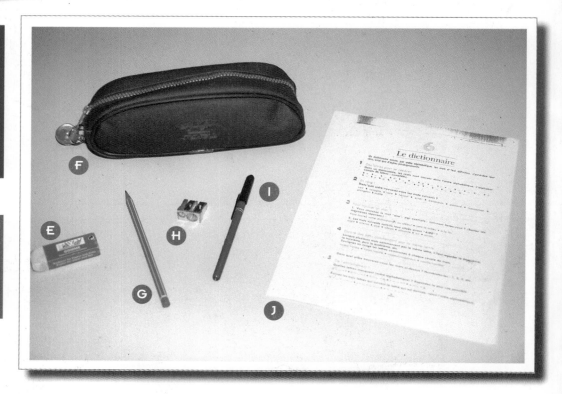

b Fais les paires.

Exemple: un cahier – B
un crayon
un livre
etc.

2 🏠 Le vocabulaire? Pas de problème!

Méthode:

1 Sortez vos affaires!

Ecoute et lis.

LA CLASSE D'ENFER

ATTENTION!

2 Comment dit-on ...?

À deux.

Exemple: **A** – Numéro 1. Tu as … ?

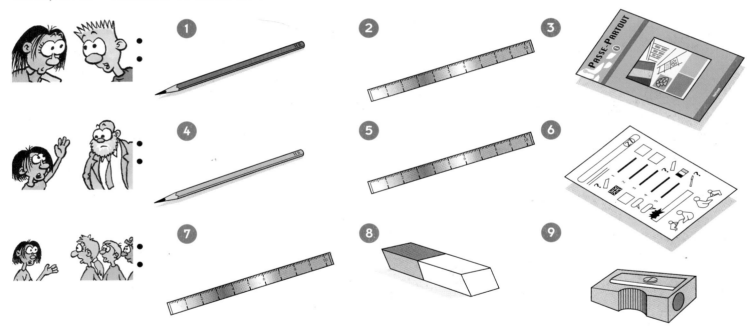

3 C'est à vous!

En groupes: vous êtes la classe d'enfer.

 **ou**  **ou**

Personnages:

1 Tu as quel âge?

🔊 Ecoute et lis.

2 J'ai dix-sept ans

a 🔊 Ecoute. C'est quel robot?

Exemple: 1 – C

A 25 ans

B 48 ans

C 17 ans

D 53 ans

E 28 ans

F 35 ans

G 60 ans

H 21 ans

I 16 ans

J 41 ans

b A deux.

Exemple:

Tu as quel âge?

J'ai dix-sept ans.

C!

3 Bon anniversaire!

Regarde et écoute.

Et toi Marc?
Quelle est la date de ton anniversaire?

C'est le premier août.

Les mois de l'année

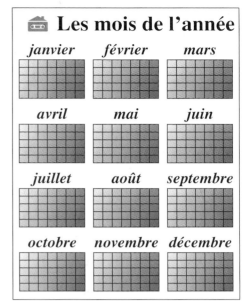

janvier	février	mars
avril	mai	juin
juillet	août	septembre
octobre	novembre	décembre

4 Mon anniversaire est le …

Ecoute. Qui parle?

Exemple: 1 Sophie

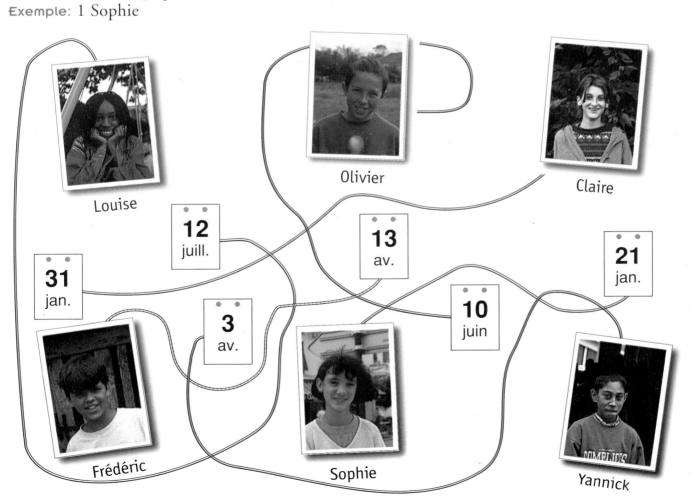

Louise

Olivier

Claire

12
juill.

13
av.

21
jan.

31
jan.

3
av.

10
juin

Frédéric

Sophie

Yannick

Comment ça se prononce?

r

 Ecoute et lis.

Am stram gram!

Am stram gram
Pic et pic et colégram
Bour et bour et ratatam
Am stram gram!

b Ecoute et lis.
Ecoute, lis et répète.

quatre	février	le quatre février
quatorze	avril	le quatorze avril
trente	septembre	le trente septembre
treize	octobre	le treize octobre

c   Lis, prononce et écoute.

Entre-temps ...

Bonjour!

Bonjour Madame lundi,

Bonjour Madame mardi,

Ça va Madame mercredi?

Ça va Madame jeudi.

Rangez Madame vendredi

Les affaires de samedi

Pour la fête de dimanche

Cherche l'intrus

Monsieur, Madame, Salut, Mademoiselle

mars, juin, août, mardi

soixante, vingt-deux, mai, quarante

un crayon, une fenêtre, une gomme, un stylo

MESSAGES SECRETS!

deux, dix-huit, un, vingt-deux, quinze!
six, quinze, dix-huit, treize, neuf,
quatre, un, deux, douze, cinq!

Légende: A=1, Z=26 etc.

Numéros rythmiques

Un, deux, trois, quatre, cinq, six
Tu habites où? J'habite à Nice.

Sept, huit, neuf, dix, onze, douze
Moi, j'habite à Toulouse.

Treize, quatorze, quinze, seize
Tu habites où, Thérèse?

Dix-sept, dix-huit, dix-neuf, vingt
Moi, j'habite à Amiens!

1 Une interview!

a 🔊 Ecoute. Vrai (✓) ou faux (✗)?

1 Ça va très bien.
2 Je m'appelle Yvette Laurent.
3 J'habite à Orléans.
4 J'ai 25 ans.
5 Mon anniversaire est le 16 janvier.

b Ecris les bonnes réponses.

Yvette

2 Mots-mobile

Fais un mots-mobile!

3 Jeu de mémoire!

A deux.

un!

Porte ouverte!

 Interview avec une célébrité

1 Choisis une célébrité.	4 Prépare une liste de questions.
2 Prépare une description.	5 Interviewe tes copains 'célèbres'.
3 Attache une photo / image.	6 Note les réponses.

Je m'appelle Yvette. J'ai 25 ans. Mon anniversaire est le

24 ans
Hollywood

Sommaire

Saying hello and goodbye

Bonjour!
Salut!
Ça va?
Ça va.
Ça ne va pas.
Au revoir!

Hello!
Hi!
How are you?
I'm OK.
I'm not too good.
Goodbye!

Introducing myself

Je m'appelle ...
Ça s'écrit ...
J'habite à ...
J'ai ... ans.
Mon anniversaire est le ...

I'm called ....
It's spelled ...
I live in ...
I'm ... years old.
My birthday is on ...

Asking other people about themselves

Tu t'appelles comment?	What are you called?
Ça s'écrit comment?	How do you spell that?
Tu habites où?	Where do you live?
Tu as quel âge?	How old are you?
Quelle est la date de ton anniversaire?	What date is your birthday?

Asking for things in the classroom

Tu as	un crayon?			a pencil?
	un stylo?			a pen?
Vous avez	une règle?	Have you got		a ruler?
	une gomme?			a rubber?

page 12 6

Numbers 0-60

0	zéro	10	dix	20	vingt
1	un	11	onze	21	vingt et un
2	deux	12	douze	22	vingt-deux
3	trois	13	treize	29	vingt-neuf
4	quatre	14	quatorze	30	trente
5	cinq	15	quinze	31	trente et un
6	six	16	seize	40	quarante
7	sept	17	dix-sept	50	cinquante
8	huit	18	dix-huit	60	soixante
9	neuf	19	dix-neuf		

7

Dates

le premier	janvier		1st	January
le deux			2nd	
le trois	page 17		3rd	

Mai

2 Au collège

1 Matières et opinions

2 Quelle heure est-il?

3 Cours et activités

EN CLASSE

porte ouverte

1 Matières et opinions

1 Emploi du temps

Regarde et lis.

	lundi	mardi	jeudi	vendredi	samedi
1	sciences	éducation physique	français	mathématiques	français
2	mathématiques	sciences	mathématiques	français	espagnol
r é c r é a t i o n					
3	étude	mathématiques	anglais	éducation civique	anglais
4	français	histoire-géographie	étude	sciences	
d é j e u n e r					
5	français	dessin	histoire-géographie	anglais	
6	anglais	technologie	espagnol	espagnol	
r é c r é a t i o n					
7	histoire-géographie	technologie	musique	éducation physique	

Voici mon emploi du temps.

2 C'est quel jour?

Regarde l'emploi du temps (page 24). Ecoute la cassette.
C'est lundi, mardi, jeudi, vendredi, samedi?
Exemple: 1 vendredi

3 C'est quelle matière?

a Fais les paires.
Exemple: 1 – E

A la musique	**B** l'éducation physique	**C** les maths
D la technologie	**E** le français	**F** l'anglais
G les sciences	**H** l'histoire	**I** la géographie
J le dessin	**K** l'informatique	

b Ecoute la cassette et écris la matière.
Exemple: 1 le français

c A deux.
Exemple:

C'est quelle matière?

La technologie?

Non.

Le dessin?

etc.

1 Mes opinions

a 🔊 Ecoute et lis.

b Lis et dessine.

Exemple:
Marc ○○○◯

Marc

> Je préfère les maths.

> Je n'aime pas l'éducation physique.

Louise

> Je préfère la technologie et les sciences.

Sandrine

> J'aime l'anglais et le français mais je n'aime pas la géo.

Yannick

> J'adore l'histoire mais je déteste les maths.

Olivier

> J'adore la musique. J'aime aussi le dessin.

Claire

c A deux.

Exemple: **A** - Numéro 1. Tu aimes la musique?
B - Oui, j'aime la musique.

1
2
3
4
5
6

7
8

Extra!

J'  et

J' , mais je

J' . J' aussi .

2 Collège extraordinaire!

Dessine ton collège extraordinaire!

3 Pas de panique!

Ecoute.

Lis et répète.

Pas de panique, Frédéric,
La musique, c'est fantastique.
Pas de panique, Dominique,
L'informatique, c'est très pratique.
Pas de panique, Véronique.
L'éducation physique, ça c'est chic!

1 Vite, vite!

a 🔊 Écoute et lis.

LA CLASSE D'ENFER

A LA RÉCRÉ
MONSIEUR, LE TÉLÉPHONE!

MERCI.

CONTRÔLE

CLICK!

REGARDE LES PAPIERS SUR L'ORDINATEUR!

VITE! PASSE-MOI LE SAC, S'IL TE PLAÎT!

PASSE-MOI LES LIVRES, S'IL TE PLAÎT!

BON! DONNE-MOI LE STYLO.

NON, ÇA NE VA PAS.

PASSE-MOI LA RÈGLE!

BON! VITE!
CLICK

BONJOUR! DONNE-MOI LES PAPIERS, S'IL TE PLAÎT!

b Comment dit-on?

1

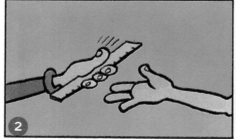
2

3

4

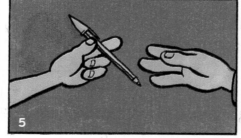
5

6

ATTENTION!

2 'The', c'est quoi en français?

le
masculin (m)

le sac

le stylo

a, e, i, o, u
l'

l'emploi du temps

la
féminin (f)

la règle

la trousse

a, e, i, o, u
l'

l'orange

les
pluriel (pl)

les sac**s**

les règle**s**

le, la, l', les!

3 Le, la, l' ou les?

Copie et complète.

Frédéric

 C'est à toi!

Passe - moi ___ crayon.
Donne - moi ___ cahiers, s'il te plaît.
Passe - moi ___ ordinateur s'il te plaît.
Donne - moi ___ gomme !

1 Une lettre de Sophie

Lis la lettre et regarde les images.

C'est vrai (✓) ou faux (✗)?

Exemple: 1 ✗

le 12 novembre

Chère Emma,

Je m'appelle Sophie Legrand. J'habite à Albi. J'ai onze ans. Tu as quel âge?

J'aime mon collège. Je préfère les sciences et le dessin. J'aime aussi l'anglais. Le professeur est super! (Hello! How are you?)

Je n'aime pas les cours de musique. C'est ennuyeux. Je préfère la musique pop.

Et toi? Tu aimes ton collège et tes matières?

Amitiés

Sophie

P.S. Write me soon!

2 Quelle catastrophe!

Recopie et complète cette lettre!

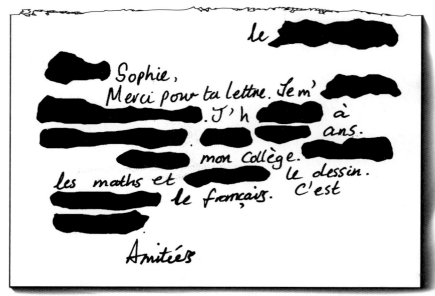

3 Comment ça se prononce?

a   Ecoute et lis.

Happy birthday
to you!

Au revoir!

-ai
-ais
-aît
-est
-et

Bleuet, le perroquet

Bleuet,
le perroquet,
chante en anglais
et parle français!

b Ecoute et lis.
Ecoute, lis et répète.

C'est	le français	C'est le français
C'est	vrai	C'est vrai
J'ai	un perroquet	J'ai un perroquet
Qu'est-ce que c'est,	s'il vous plait?	Qu'est-ce que c'est, s'il vous plaît?

c  Lis et prononce.
Ecoute la cassette.

1	Le français
2	Un perroquet
3	S'il vous plaît
4	C'est vrai
5	Qu'est-ce que c'est?
6	Qu'est-ce que c'est, s'il vous plaît?

d Copie et complète.

AIDE–MEMOIRE

anglais
c'_____
franç_____
j'_____
perroqu_____
qu'est-ce que c'_____
s'il vous pl_____
vr_____

-ai
-ais
-aît
-est
-et

1 Les heures sonores

a 🔊 Ecoute. Ecris les lettres dans le bon ordre.

Exemple: 1 = ?

b Relie la phrase et la photo.

Exemple: 1 = A

1 Il est midi cinq.

2 Il est dix heures vingt-cinq.

3 Il est onze heures et quart.

4 Il est six heures vingt.

5 Il est sept heures moins le quart.

6 Il est sept heures moins dix.

7 Il est trois heures moins vingt.

8 Il est onze heures moins cinq.

2 Jeu de collège

A deux.

1 La vie scolaire

Ecoute la cassette. Relie le texte et la photo.

Exemple: 1 = ?

1

J'arrive au collège à huit heures vingt. Le premier cours commence à huit heures et demie. Aujourd'hui c'est l'éducation physique. Je n'aime pas ça.

2

Le mercredi, c'est super. Le matin je reste au lit et l'après-midi je joue au volley!

3

A midi et demi c'est le déjeuner. Je mange à la cantine avec mes copains.

4

L'après-midi à quatre heures, c'est la deuxième récréation. Je parle avec mes copains.

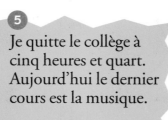

5

Je quitte le collège à cinq heures et quart. Aujourd'hui le dernier cours est la musique.

6

J'adore le samedi. Je quitte le collège à une heure moins vingt-cinq!

☑ Le glossaire, c'est clair!

a Ecris dans l'ordre alphabétique.

1 professeur
collège
matière
récréation
emploi du temps
technologie
image

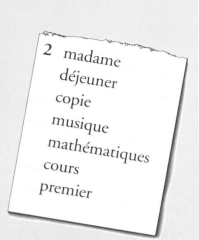

2 madame
déjeuner
copie
musique
mathématiques
cours
premier

b C'est quoi en anglais?
Regarde ton glossaire!

1	vie
2	cours
3	aujourd'hui
4	matin
5	lit
6	après-midi
7	dernier

c Lis 'La vie scolaire' (page 34) encore une fois.

a b c d e f g h i j k l m n o p q r s t u v w x y z

1 Les copains au collège

a 🔲 Ecoute la cassette. Qui parle?

Louise

Marc

Claire

Sophie

Olivier

Yannick

b 🔲 Ecoute la cassette. Ecris l'heure.

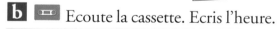

ATTENTION!   Je mange <u>à</u> une heure.

2 C'est à quelle heure?

Fais des phrases.

1   à   .

2   à   .

3   à   .

4   à   .

❸ Le premier cours commence à quelle heure?

	lundi	mardi	jeudi	vendredi	samedi
				vendredi	français
			jeudi	mathématiques	espagnol
1	sciences	éducation physique	français	français	
2	mathématiques	sciences	mathématiques		anglais
		r é c r é a t i o n			
			anglais	éducation civique	
3	étude	mathématiques	étude		sciences
4	français	histoire-géographie	d é j e u n e r		anglais
		dessin	histoire-géographie	espagnol	
5	français	technologie	espagnol		
6	anglais	r é c r é a t i o n			
			musique	éducation physique	
7	histoire-géographie	technologie			

a 📼 Ecoute la cassette.
Vrai (✔) ou faux (✗)?

1 Le premier cours commence à 8h20.
2 Le deuxième cours commence à 9h25.
3 La récréation commence à 10h20.
4 Le troisième cours commence à 11h20.
5 Le déjeuner commence à 12h.
6 Le dernier cours commence à 4h15.

b Et à ton collège?
Le premier cours commence à ... ?

ATTENTION!

Le marathon

le premier

le deuxième

le dernier

le troisième

❹ Interview scolaire!

Regarde tes phrases 'A ton collège'.
A deux.

Exemple:

Le deuxième cours commence à quelle heure?

A dix heures moins dix.

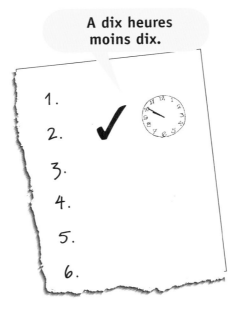

1.
2. ✔
3.
4.
5.
6.

J'ai gagné!

1 ✓
2 ✓
3 ✓
4 ✓
5 ✓
6 ✓

Légende

1 Le premier cours
② Le deuxième cours
3 La récréation
4 Le troisième cours
5 Le déjeuner
6 Le dernier cours

Collège des vampires!

a Ecoute et lis.

Il est onze heures et demie.
Dracula reste au lit.
Il est professeur au collège
des vampires.

Dracula mange un sandwich à
minuit moins vingt.
Le premier cours commence à
minuit.

Le premier vampire arrive au
collège à minuit moins le quart.

"Bonjour Monsieur le Comte.
Le premier cours, c'est
la musique?"

"Non, le deuxième cours, c'est la
musique. Le premier cours, c'est
l'éducation physique."

Le deuxième vampire arrive à
minuit moins dix.
Puis le troisième, le quatrième, le
cinquième .... Le dernier?
Le dernier vampire joue au foot.

"Dépêchez-vous mes petits
vampires, le premier cours
commence."

"Il est une heure. Le deuxième
cours commence. C'est la musique.
Sortez vos instruments, s'il
vous plaît."

"Bravo! Il est deux heures.
Le déjeuner commence.
Bon appétit!"

b Ce n'est pas vrai!
Ecris les bonnes phrases.

1 Dracula mange un sandwich à onze heures et demie.
2 Le premier cours commence à midi.
3 Le premier vampire arrive à minuit et quart.
4 Le premier cours, c'est la musique.
5 Le deuxième vampire arrive à minuit dix.
6 Le deuxième cours commence à 1h10.
7 Le dernier cours commence à 2h00.

c C'est quel mot?
Exemple: A - ?

Dracula _____(A)_____ un sandwich.
Le premier cours _____(B)_____ à minuit.
Le _____(C)_____ vampire _____(D)_____ au collège à minuit moins le quart.
Le _____(E)_____ vampire _____(F)_____ au foot.
Le _____(G)_____ cours, c'est la musique.

joue	commence	deuxième	arrive	dernier	premier	mange

d Mets dans le bon ordre.
Exemple: 4, …

1 Dracula mange un sandwich à minuit moins vingt.
2 Le déjeuner commence à deux heures.
3 Le premier vampire arrive.
4 Dracula reste au lit.
5 Le deuxième vampire arrive.
6 Le premier cours commence à minuit. C'est l'éducation physique.

e C'est à toi!
Change les phrases et écris ton histoire de Dracula!

Entre-temps ...

La permanence

Je fais mes devoirs ou je révise les cours.

Le CDI

Centre de Documentation et d'Information: je lis ici; c'est la bibliothèque.

La salle des profs

Oh, là, là!

Qu'est-ce que c'est?

la troisième lettre de l'alphabet
la première lettre du huitième mois
la quatrième lettre du sixième mois
la vingtième lettre de l'alphabet
la dernière lettre du premier jour au collège
la troisième lettre du premier mois
la cinquième lettre de l'alphabet

Je me présente!

Je m'appelle Aïcha et j'ai neuf ans. J'habite à Ouarzazate, une ville dans le sud du Maroc.

Je commence ma journée scolaire avec du thé à la menthe et un pain. L'école commence à huit heures.

Les filles portent une blouse blanche. Les garçons portent une blouse bleue. J'emporte mes cahiers dans un sac en plastique.

J'ai les cours de français, comme tous les enfants de neuf ans. J'aime ça - c'est marrant. Et après la classe? Alors, je garde nos animaux.

Zut alors!

 Ecoute et lis.

Porte ouverte!

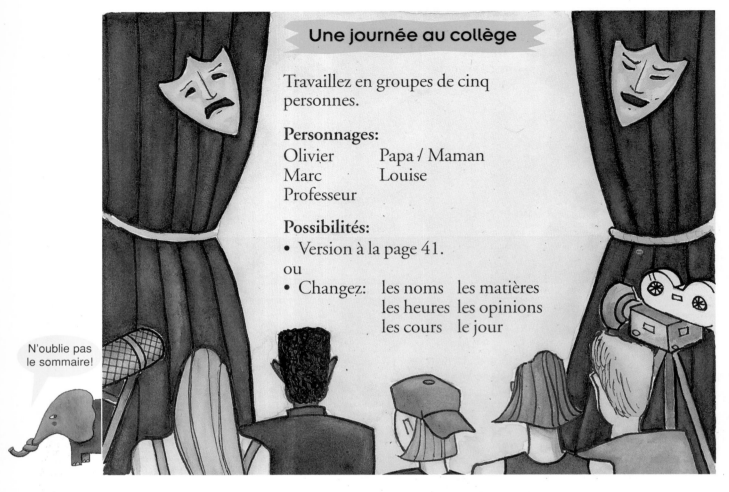

Une journée au collège

Travaillez en groupes de cinq personnes.

Personnages:
Olivier   Papa / Maman
Marc   Louise
Professeur

Possibilités:
- Version à la page 41.

ou
- Changez: les noms   les matières
            les heures les opinions
            les cours   le jour

N'oublie pas le sommaire!

Sommaire

Likes, dislikes and subjects

Tu aimes	le dessin?
J'aime	le français.
Je n'aime pas	l'anglais.
Je préfère	la géographie.
Je déteste	l'éducation physique.
J'adore	les maths.

Do you like	art?
I like	French.
I don't like	English.
I prefer	geography.
I hate	P.E.
I love	maths.

9

Opinions

C'est	super! moche!

12

It's	great! rubbish!

Telling the time and saying what time something happens

Quelle heure est-il?

Il est	midi
	minuit
	une heure
	deux heures

Il est deux heures …

moins cinq   cinq

moins dix   dix

moins le quart   et quart

moins vingt   vingt

moins vingt-cinq   vingt-cinq

et demi(e)

What time is it?

It 's	*midday*
	midnight
	one o'clock
	two o'clock

18
20

Talking about what I do during a school day

J'arrive au collège …
Je mange.
Je parle avec mes copains.
Je joue au volley.
Je quitte le collège …
Je reste au lit!

I arrive at school …
I eat.
I talk to my friends.
I play volleyball.
I leave school …
I stay in bed!

Talking and finding out about timetables

Voici mon emploi du temps.		
Le premier cours commence à quelle heure?		
Le	premier	cours commence à …
	deuxième	
	troisième	
	dernier	
La récréation	commence à …	
Le déjeuner		

This is my timetable.		
What time does the first lesson begin?		
The	*first*	*lesson begins at …*
	second	
	third	
	last	
Break	*begins at …*	
Lunch		

3 Vive les passe-temps!

1 Que fais-tu comme passe-temps?

2 Questions et réponses
Oui, ...
Non, ...

?

EN CLASSE

Tombola *Club sportif*
Lundi - 8h du soir
84 | 84
3 Rendez-vous

porte ouverte

---

1 Que fais-tu comme passe-temps?

Ecoute. Trouve la bonne image.

Exemple: 1 – F

2 Et les copains?

a Lis les passe-temps.

Trouve les bonnes images à la page 44.

Exemple: Marc – F , …

Olivier

Je fais du patin à roulettes. Je fais des promenades et je joue avec l'ordinateur.

Marc

Je joue au foot.
Je fais du vélo.

Louise

Je fais de la natation et je joue au tennis.

Sophie

Je joue au basket et je joue avec l'ordinateur

Frédéric

Je joue aux cartes.
Je fais du vélo et je fais de la natation.

b A deux.

Olivier, que fais-tu comme passe-temps?

Je fais du patin à roulettes, je …

1 Encore des passe-temps!

a 📼 Ecoute. Qui parle?

Exemple: 1 – Sophie

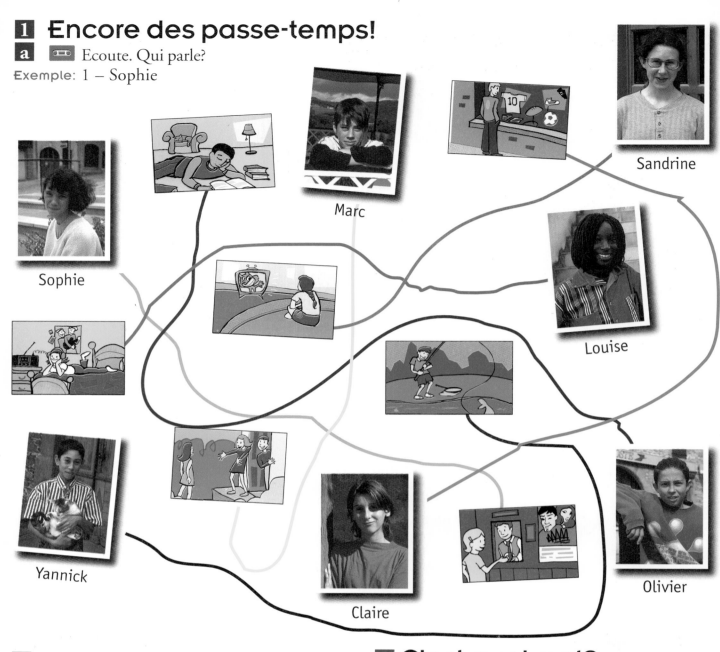

Sophie

Marc

Sandrine

Louise

Yannick

Claire

Olivier

b Vrai ou faux?

Exemple: Sandrine – vrai

Sandrine — **Je regarde la télé.**

Yannick — **Je vais chez les copains.**

Claire — **Je vais en ville.**

Louise — **Je lis.**

Olivier — **Je vais à la pêche.**

2 C'est quel mot?

🏠 Complète les phrases.

1 Je _____(a)_____ les vidéos.
2 Je _____(b)_____ en ville.
3 J' _____(c)_____ de la _____(d)_____.
4 Je _____(e)_____ un _____(f)_____.

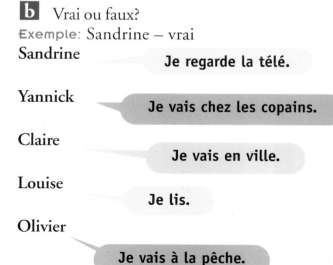

lis

écoute

vais   livre

musique

regarde

3 Comment ça se prononce?

a  Ecoute, lis et chante!

-in
-ain
-on
-en
-an

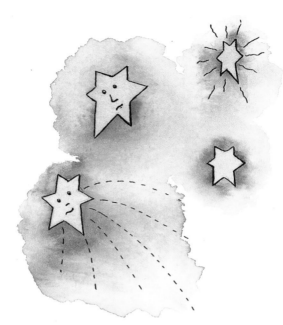

in, in
on, on
in, en, in
ain, ain
an, an
ain, en, ain!

b Ecoute et lis.

Ecoute, lis et répète.

patin copain	natation Lyon	en Sandrine
Je fais du patin	avec mon copain.	
Je fais de la natation	à Lyon.	
Je vais en ville	avec Sandrine.	

c Lis et prononce.

Ecoute la cassette.

Pardon?

Fantastique!

Intéressant!

ALAIN

30 LE TRENTE JANVIER

C'est la vie!

Salut! Je m'appelle Robinson. J'ai 42 ans. J'habite à Waikiki.

Lundi, je fais de la natation à six heures.

A sept heures, je mange le petit déjeuner et je lis.

Le matin, je fais du vélo et je joue au rugby avec mes copains.

Je mange le déjeuner à midi et je regarde la télé. J'adore la télé.

Puis je reste au lit et j'écoute de la musique.

L'après-midi à trois heures, je fais des promenades et je vais chez mes copains.

Le soir, je joue au basket ou je vais à la pêche.

Et mardi, mercredi, jeudi ...?

b Vrai ou faux?

Waïkiki - lundi, le 26 janvier

1. Je fais de la natation à sept heures.
2. Je fais du vélo.
3. Je joue au foot avec mes copains.
4. Je regarde les vidéos.
5. Je vais chez mes copains.
6. Le soir je joue au tennis.

Robinson

c Trouve le bon mot.

Exemple: 1 – A

1 Je _____ chez mes copains.
2 J' _____ de la musique.
3 Je _____ le déjeuner.
4 J' _____ à Waikiki.
5 Je _____ au rugby.
6 Je _____ du vélo.
7 Je _____ la télé.

ATTENTION!

Je regard<u>e</u>
mais
Je fai<u>s</u>   Je vai<u>s</u>   Je li<u>s</u>

RAPPEL

Je m'appell<u>e</u>   J'aim<u>e</u>   Je quitt<u>e</u>
Je détest<u>e</u>   J'arriv<u>e</u>   Je parl<u>e</u>

1 Sondage

Que fais-tu comme passe-temps?

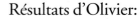

Je fais du vélo, je vais au cinéma et je joue avec l'ordinateur.

Travail à cinq.

Résultats d'Olivier:

Vélo   IIII
Cinéma   II
Ordinateur   III
natation   IIII
télé   IIII
chez les copains IIII
musique   IIII
basket   II

2 Grimaud

 Ecoute et lis.

Je m'appelle Grimaud.
J'habite à Spectreville.
Je joue au basket avec
mes copains
et je fais du vélo – oh – oh!
Le soir je fais des
promenades.
Je vais chez mes copains et
je mange …. !
Le matin je reste au lit.

 Fais une image de passe-temps.

1 J'ai un problème

a Ecoute et lis.

b Comment dit-on?

1 Questions, toujours des questions!

a 🔲 Ecoute et lis.

b Retrouve et copie les bonnes questions.

1	Tu joues	a	du vélo?
2	Tu lis	b	au cinéma?
3	Tu fais	c	les vidéos?
4	Tu vas	d	de la musique?
5	Tu regardes	e	avec l'ordinateur?
6	Tu écoutes	f	un livre?

ATTENTION!

tu jou<u>es</u>		tu li<u>s</u>
tu regard<u>es</u>	mais	tu fai<u>s</u>
tu écout<u>es</u>		tu va<u>s</u>
tu habit<u>es</u>		
tu mang<u>es</u>		

c A deux.
Combien de questions différentes en cinq minutes?
Exemple:

Tu joues au rugby?
Tu joues…

2 Ce n'est pas vrai!

a 📼 Ecoute la cassette. C'est quelle image?

b Regarde les images.
Mets dans le bon ordre.
Exemple: 1 – F

1 Je ne lis pas.
2 Je ne joue pas au foot.
3 Je ne fais pas de patin à roulettes.
4 Je ne vais pas chez les copains.
5 Je ne fais pas de vélo.
6 Je ne joue pas au tennis.

ATTENTION!

Je ne regarde pas

3 À deux

Inventez!

Extra!

Je ne fais pas de vélo.
de patin à roulettes.

1 C'est impossible!

Ecoute et lis.

2 Lettre d'un corres.

Albi, le 15 février

Cher Daniel,
Salut! Ça va? C'est super à Albi. Je vais au club sportif tous les soirs. Le week-end, je ne vais pas au club, je vais à la pêche avec mes copains.

Je joue dans une équipe de foot. L'entraînement, c'est sérieux! Lundi et vendredi je fais de la natation. Mardi et mercredi, je fais du vélo.

Et toi? Que fais-tu comme passe-temps? Tu vas à un club sportif? Tu joues au foot?

Ecris-moi bientôt

Michel

a Vrai ou faux?

1 Le week-end, je vais au club sportif.
2 Je joue dans une équipe de basket.
3 Vendredi je fais de la natation.
4 Je ne joue pas au foot.
5 Je ne fais pas de vélo.

b Ecris une lettre à Michel.

Au collège je joue au
je ne joue pas au f
j'écoute de la MU
je lis. C'est intéres
Samedi je vais en

Michel Duparc
7 Rue de la République
81000 ALBI
FRANCE

Entre-temps ...

Jeux paralympiques

Les premiers jeux Olympiques pour handicapés, ou jeux paralympiques, ont été organisés en 1960 à Rome en Italie.

Qu'est-ce que c'est?

La quatrième lettre de 'basket'

La septième lettre de 'promenade'

La première lettre de 'rugby'

La deuxième lettre de 'natation'

La dernière lettre de 'foot'

La quatrième lettre de 'cinéma'

Les sports favorits des 10–15 ans en France

Numéro 1: le football
40% des garçons jouent au foot.
Numéro 2: la natation et la danse, pratiquées par trois filles sur cinq
Numéro 3: le judo

La peinture à l'huile
C'est difficile

La peinture à l'eau
C'est rigolo

Hi, hi, hi

1 Casse-tête!

Copie et complète les nombres dans ton cahier.

Exemple: soixante, soixante-deux, soixante-quatre, _____
= 60 , 62, 64, <u>66</u>

1 soixante, soixante-dix, _____, quatre-vingt-dix, cent

2 cent, quatre-vingt-dix-neuf, _____, quatre-vingt-dix-sept, quatre-vingt-seize

3 soixante et un, soixante-trois, soixante-cinq, _____, soixante-neuf

4 soixante-dix, _____, soixante-quatorze, _____, soixante-dix-huit

5 soixante-quinze, quatre-vingts, _____, quatre-vingt-dix, _____, cent

2 Phrases fantastiques!

Ecoute et répète!

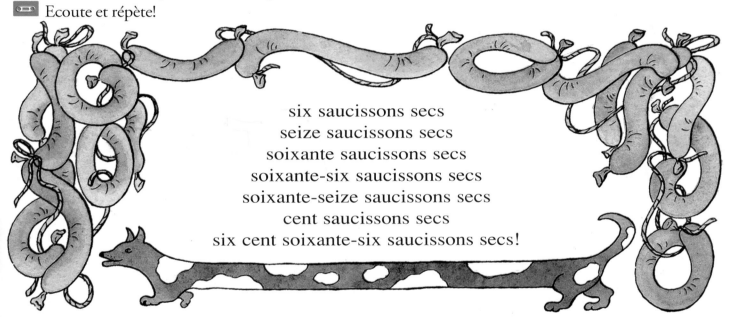

six saucissons secs
seize saucissons secs
soixante saucissons secs
soixante-six saucissons secs
soixante-seize saucissons secs
cent saucissons secs
six cent soixante-six saucissons secs!

3 Mots en image

soixante-dix

quatre-vingts

4 C'est à toi!

Fais des casse-têtes, des phrases fantastiques, ou des mots en images pour ta salle de classe.

1 La tombola!

a 🔲 Ecoute et lis.

Club sportif
samedi le 24 février

Grande Tombola
30 cadeaux à gagner!

1er prix: 1 télévision

2ème prix   1 baladeur

3ème prix   ou   CD/cassettes

Aussi à gagner: 4 T-shirts, 4 vidéos, 3 livres,
3 trousses, 5 x 10 crayons, 5 pin's
Tirage au sort au collège à 16h 00

Bonne chance!

A

Je m'appelle
Sandrine Lucas.
J'ai le billet
numéro 79.

yasar

B

Je m'appelle
Jérôme Bettoumi.
J'ai le billet
numéro 90.

C

Je m'appelle
Monique Rochas.
J'ai le billet
numéro 95.

D

Je m'appelle
Marie-France Durand.
C'est numéro 76.

E

Je m'appelle
Nicolas Mercier.
J'ai le billet
numéro 85.

F

Je m'appelle
Olivier Berger.
J'ai le billet
numéro 64.

2 J'ai gagné!

Ecoute. Copie et complète.

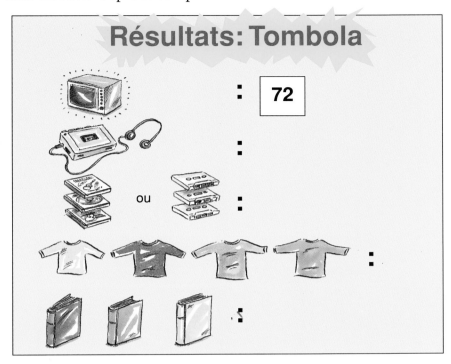

Résultats: Tombola

: 72

ou

J'ai gagné!

3 C'est à vous!

Travaillez en groupes.

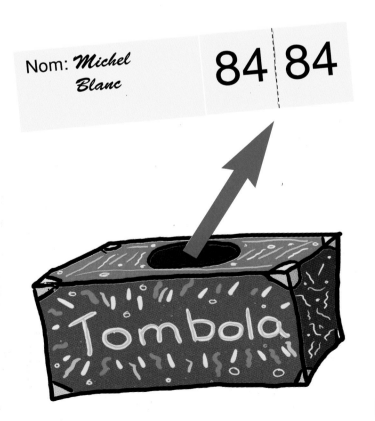

Nom: *Michel Blanc*

84 | 84

Tombola

Grande Tombola

Exemple:

Bonjour!

Bonjour!

Un billet, s'il te plaît.

Voilà. Tu t'appelles comment?

Michel Blanc.

Voila Michel, numéro 84.

Merci.

Merci. Bonne chance!

⬛ J'écoute – pas de panique!

📼 Ecoute Martin.

Thème:

Choisis la bonne image.

1   2   3

Détails:

Note le bon détail.

1	2	3
a) lundi b) vendredi c) dimanche	a) lac b) rivière c) ville	a) Je vais chez les copains. b) Je fais de la pêche. c) Je mange le petit déjeuner.

Encore des détails:

Note les réponses.

1	2	3
J'arrive à ?	Opinion? s) f) i)	J'arrive à la maison à ?

**Lentement. Répétez.
Je ne comprends pas.**

JE COMPRENDS!

2 Radio Jeunes

a 🔊 Ecoute et lis.

b Qui parle?

Dorothée, Luc, Coralie ou Jean?

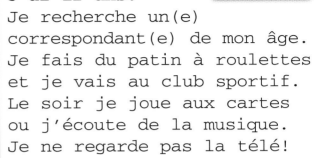

Salut!
C'est Jean.
J'ai 12 ans.
Je recherche un(e)
correspondant(e) de mon âge.
Je fais du patin à roulettes
et je vais au club sportif.
Le soir je joue aux cartes
ou j'écoute de la musique.
Je ne regarde pas la télé!

Jean Lucien
45 rue de l'Eglise
76440 Forges-les-Eaux

Je m'appelle Dorothée. J'ai 12 ans.
Je cherche un(e)
correspondant(e) entre 11 - 13
ans.
Je joue avec l'ordinateur.
J'adore ça! Je joue au tennis
et je fais du vélo. C'est
chic.

Dorothée Dubreu
64, Les Barres
74000 Annecy

Coin correspondance

e m'appelle Luc. J'ai 12
ns.
e joue au badminton et je
is beaucoup. J'écoute de
a musique pop mais je
n'aime pas la musique
classique. Le soir je
regarde la télé!
Je recherche un
correspondant anglais.

Luc Dupuy
76, avenue
des Cygnes
35250
Chevaigné

Salut! C'est Coralie et j'ai
11 ans.
Je recherche un(e)
correspondant(e) entre 11 -
13 ans.
Je fais de la natation et je
joue au tennis. J'adore le
sport! C'est super!
Je suis fan de Jean-Michel
Jarre.

Coralie Duparc
45 rue Victor Boucher
81000 Albi
tél: 55.51.84.90.

Porte ouverte!
Trouve la bonne personne

porte ouverte

Ecris.

Salut !
– Je recherche . . . . .
– passe-temps ?
– opinions ?

Lis.

Interviewe!

John, tu joues au tennis?

Non.

Sarah, tu joues au tennis?

Oui.

Numéro 1, c'est toi?

Oui, c'est moi.

Sommaire
Saying what I do in my free time

Je joue	au foot.		I play	football.
	avec l'ordinateur.			on the computer.
	aux cartes.			cards.
Je fais	du patin à roulettes.		I go	roller skating.
	de la natation.	🔑 24		swimming.
	des promenades.			walking.

Je regarde	la télé.		I watch	the television.
J'écoute	de la musique.		I listen	to music.
Je lis.			I read.	
Je vais	au cinéma.		I go	to the cinema.
	à la pêche.			fishing.
	chez les copains.	🔑 26		to my friends' house.
	en ville.			to town.

Asking questions about pastimes

Que fais-tu comme passe-temps?	
Tu joues	aux cartes?
	au rugby?
Tu regardes	les vidéos?
Tu lis?	
Tu fais	du vélo?
	des promenades?
Tu vas	au cinéma? page 52 31

What do you do in your spare time?	
Do you play	cards?
	rugby?
Do you watch	videos?
Do you read?	
Do you go	cycling?
	for walks?
Do you go to	the cinema?

Saying what I don't do

Je ne joue pas au basket.
Je n'écoute pas la radio.
Je ne lis pas.
Je ne vais pas au cinéma.
Je ne fais pas de promenades.   31

I don't play basketball.
I don't listen to the radio.
I don't read.
I don't go to the cinema.
I don't go for walks.

Numbers 61 – 100

61 soixante et un	71 soixante et onze	81 quatre-vingt-un
62 soixante-deux	72 soixante-douze	82 quatre-vingt-deux
63 soixante-trois	73 soixante-treize	....
....	74 soixante-quatorze	89 quatre-vingt-neuf
68 soixante-huit	75 soixante-quinze	90 quatre-vingt-dix
69 soixante-neuf	76 soixante-seize	91 quatre-vingt-onze
70 soixante-dix	77 soixante-dix-sept	92 quatre-vingt-douze
	78 soixante-dix-huit	....
	79 soixante-dix-neuf	99 quatre-vingt-dix-neuf
	80 quatre-vingts	100 cent

 33

1 Ils ont quel âge?

a 📼 Ecoute la cassette et regarde les photos.
Ecris la bonne lettre!

A

B

C

D

E

F

b Relie la phrase avec la bonne photo.
Exemple: 1 = ?

1 Il a onze ans.
2 Elle a sept ans.
3 Mélanie a cinq ans et Robert a douze ans.

4 Ils ont seize ans et quatre ans.
5 Elles ont quatorze ans et dix-sept ans.
6 Ils ont quinze ans et treize ans.

ATTENTION!

il elle Marc Claire	a ... ans.
ils elles	ont ... ans.

c Regarde les images et fais des phrases.
Exemple:
Il s'appelle Marc. Il a onze ans.

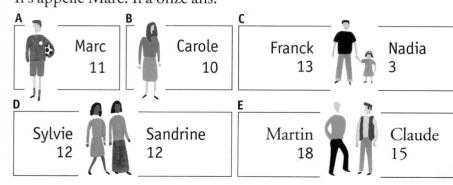

A Marc 11
B Carole 10
C Franck 13 Nadia 3
D Sylvie 12 Sandrine 12
E Martin 18 Claude 15

2 Des détails, s'il te plaît!

a 🔊 Ecoute et lis.

b Copie les questions et trouve les bonnes réponses.

1	Il s'appelle comment?		A	Dix ans.
2	Il a quel âge?		B	Dorothée et Louise.
3	Elle s'appelle comment?		C	Sophie a onze ans et Monique a cinq ans.
4	Elle a quel âge?		D	Hélène.
5	Ils s'appellent comment?		E	Paul a sept ans et Richard a dix mois.
6	Ils ont quel âge?		F	Dix ans.
7	Elles s'appellent comment?		G	Henri et Olivier.
8	Elles ont quel âge?		H	Robert.

c 🏠 Continue la conversation.
Pose un minimum de trois questions et invente les réponses.
(voir **a** et **b**)

1 Ma famille

a 🔊 Ecoute et lis.

C mon père

D ma mère

G mes demi-frères

B ma grand-mère

A mon grand-père

E mon frère

F ma soeur

Salut!
Je m'appelle Delphine.
Voici ma famille!

b Copie, écoute et complète.

Légende

lettre	nom	âge
	Antoine	
	Vincent	
	Quasimodo	
	Odette	
	Lucille	
	Mathilde	
	Vladimir	
	Caspar	

ATTENTION!

m.	f.	pl.
mon	ma	mes

c A tour de rôle.

d Encore une fois de mémoire!

C?

Voici mon père.

F?

Voici ma soeur.

2 Un problème électronique!

a 🖭 Ecoute et lis.

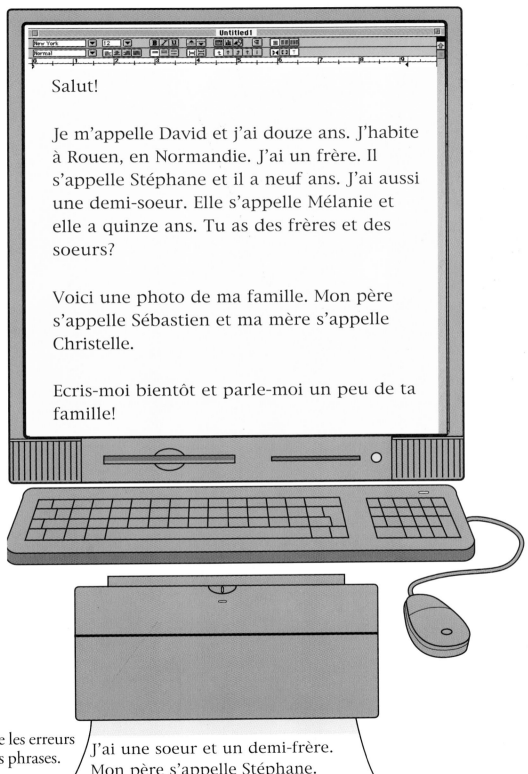

Untitled1

Salut!

Je m'appelle David et j'ai douze ans. J'habite à Rouen, en Normandie. J'ai un frère. Il s'appelle Stéphane et il a neuf ans. J'ai aussi une demi-soeur. Elle s'appelle Mélanie et elle a quinze ans. Tu as des frères et des soeurs?

Voici une photo de ma famille. Mon père s'appelle Sébastien et ma mère s'appelle Christelle.

Ecris-moi bientôt et parle-moi un peu de ta famille!

b Corrige les erreurs et recopie les phrases.

J'ai une soeur et un demi-frère.
Mon père s'appelle Stéphane.
Mon demi-frère s'appelle Sébastien.
J'ai dix ans.
Ma soeur s'appelle Christelle.
Ma mère a quinze ans.
Je m'appelle Mélanie.

c C'est à toi.
Ecris / enregistre une lettre électronique!

1 Tu as un animal à la maison?

a Ecoute. C'est quel animal?

b Ecoute et lis.

> J'ai un chat et j'ai un chien,
> J'ai une souris, j'ai un lapin,
> J'ai une gerbille et j'ai un poisson.
> Et toi? Tu as un animal à la maison?
> A la maison je n'ai pas d'animal,
> Mais chez mon oncle, j'ai un cheval!

2 Moi, j'ai des animaux!

a 📼 Ecoute et lis.

J'ai cinq chats, trois chiens, deux poissons, trois lapins, deux hamsters et quatre gerbilles ...

et j'ai six souri<u>s</u>, quatre cochon<u>s</u> d'Inde, deux chevau<u>x</u> et quatre oiseau<u>x</u>!

b C'est à toi!

3 Sondage

a 📼 Ecoute et dessine!

Exemple:

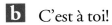

A   B

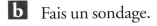

b Fais un sondage.

Tu as un animal à la maison?

Oui, j'ai un chat et deux gerbilles. Tu as un animal à la maison?

Non, je n'ai pas d'animal.

Note les réponses et présente tes résultats.

> ## ATTENTION!
>
> un animal / deux animau<u>x</u>
> un cheval / deux chevau<u>x</u>
> un oiseau / deux oiseau<u>x</u>

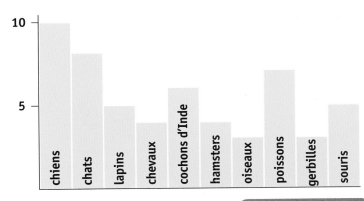

1 Le glossaire anglais – français

Comment dit-on 'tortoise' en français?

Méthode:

1 Regarde dans ton glossaire anglais - français.
(C'est dans l'ordre alphabétique.)

2

too	aussi
tortoise	tortue (f.)
town	ville (f.)

title	titre (m.)
to	à
toasted sandwich	croque-monsieur (m.)
today	aujourd'hui
toilet	toilettes (f.pl.)
too	aussi
tortoise	tortue (f.)
town	ville (f.)
training	entraînement (m.)
true	vrai(e)
Tuesday	mardi
to turn	tourner

3

f.?   Ça c'est féminin.
Alors une tortue.

RAPPEL!

m.	f.
masculin	féminin
un	une

C'est vrai!
J'ai une tortue!

4 Vérifie dans ton glossaire français - anglais.

titre (m.)	title
toi	you
toilettes (f.pl.)	toilet
tomber	to fall
ton	your
tortue (f.)	tortoise

C'est à toi!

C'est quoi en français?

1 budgerigar
2 duck
3 rat
4 goat
5 canary
6 kitten
7 puppy
8 snake
9 goose
10 stick insect

2 Grand concours d'animaux!

Ecoute la cassette et note les détails des animaux.

Exemple:

animal/ animaux	nom(s)	âge(s)
1 1 chien	Simba	5 ans

ATTENTION!

m.	f.
un chien	un<u>e</u> chien<u>ne</u>
un chat	un<u>e</u> chat<u>te</u>

3 Concours de photos

Faites un concours de photos en groupes de cinq ou six. Trouvez des photos d'animaux et faites des interviews.

Exemple:

A   Bonjour!

B   Bonjour! Je m'appelle Nick et j'ai une chienne.

A   Elle s'appelle comment?

B   Jenny.

A   Elle a quel âge?

B   Quatre ans.

A   Merci. Bonne chance!

Notez les réponses.

Exemple:

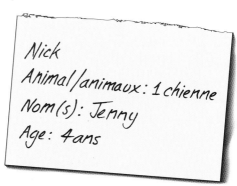

Nick
Animal/animaux: 1 chienne
Nom(s): Jenny
Age: 4 ans

Vous préférez quel animal? Comptez les votes.

Jenny trois votes!

Jenny

Jenny

Jenny

4 À toi!

Décris ton animal / tes animaux.

Exemple:

J'ai une chienne.
Elle s'appelle Jenny.
Elle a quatre ans.

Entre-temps ...

Tu n'as pas la place pour avoir un chien ou un chat? Pourquoi pas un hamster ou un cochon d'Inde?

Le hamster

16cm de long, 120 g, mais quelle énergie!
Il est irrésistible et agile - un vrai acrobate.
Mais attention! Il joue en particulier la nuit,
alors n'installe pas la cage dans ta chambre!

Le cochon d'Inde

Il s'appelle aussi le cobaye. Il est sympa et il 'parle' beaucoup!
Voici les sons différents:

'Pfeep!' = 'J'ai faim.'

'Chtrr!' = 'Je suis faché!'

'Prrr!' = 'Je t'aime.'

Connais-tu bien les animaux?

1 **Le plus petit chien du monde, c'est:**
   a le chihuahua
   b le Yorkshire-terrier
   c le colley

2 **Le plus grand cheval du monde, c'est:**
   a l'arabe
   b le palomino
   c le shire

3 **Le cousin sauvage du chien, c'est:**
   a le puma
   b le loup
   c l'hippopotame

4 **La chauve-souris, c'est:**
   a un oiseau
   b un reptile
   c un mammifère

5 **Le perroquet vit:**
   a cent ans
   b cinquante ans
   c dix ans

6 **Milou, le copain de Tintin est:**
   a un chat
   b un chien
   c une souris

Q "Est-il exact, que pour calculer l'âge d'un chien en âge d'homme, on multiplie par sept?"

R Cette règle populaire est inexacte.
   Pour avoir l'idée de l'âge d'un chien en âge d'homme, on considère qu'à trois mois il a sept ans, et à six mois quinze ans. Un an d'âge correspond à vingt ans, et deux ans correspond à vingt-cinq ans.
   Après, on compte cinq ans par année ... alors, à cinq ans le chien a quarante ans et à dix ans soixante-cinq!

Q "Est-ce que la femelle du canari chante?"

R C'est surtout le mâle qui chante pour charmer sa femelle. Madame canari chante aussi, mais elle est plus calme!

1a, 2c, 3b, 4c, 5a, 6b

Aïe!

a  Ecoute et lis.

LA CLASSE D'ENFER

b Comment dit-on?

Extra!

1 De quelle couleur?

Ecoute et lis.

C'est quelle photo?

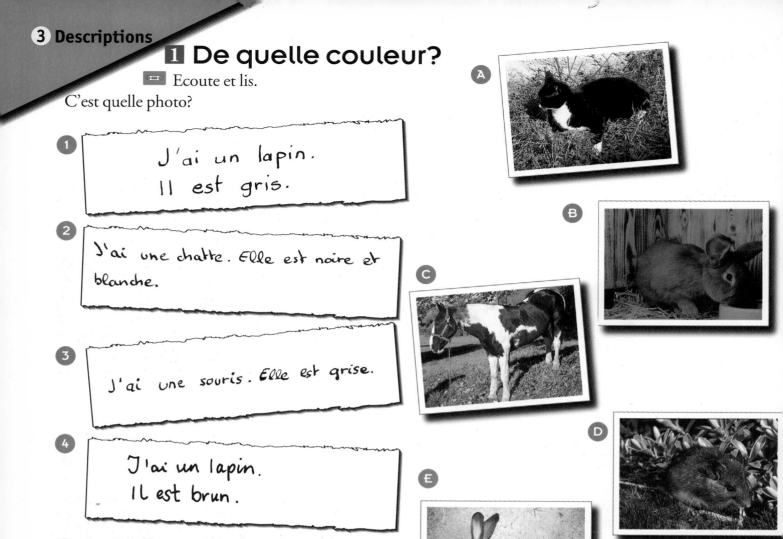

1 J'ai un lapin.
Il est gris.

2 J'ai une chatte. Elle est noire et blanche.

3 J'ai une souris. Elle est grise.

4 J'ai un lapin.
Il est brun.

5 J'ai un cheval.
Il est noir et blanc.

2 A toi!

 Décris un animal.

En couleurs!

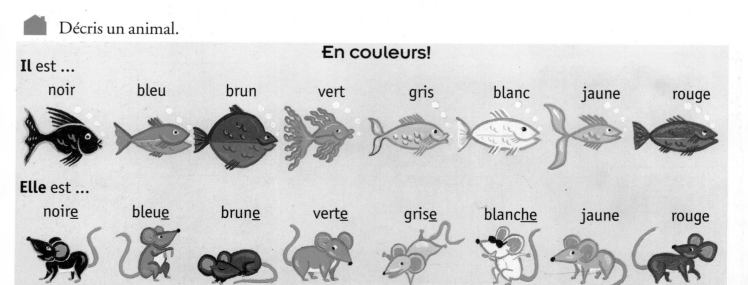

Il est ...

| noir | bleu | brun | vert | gris | blanc | jaune | rouge |

Elle est ...

| noire | bleue | brune | verte | grise | blanche | jaune | rouge |

3 Ce n'est pas vrai!

Ecoute et lis.

J'ai deux chiens.
Ils sont noirs et blancs.
J'ai trois gerbilles.
Elles sont grises.

Et moi, j'ai deux chats.
Ils sont bleus et verts.
J'ai aussi trois souris.
Elles sont vertes,
bleues et rouges!

ATTENTION!

masculin		féminin	
il est noir	ils **sont** noir[s]	elle est noir[e]	elle**s** **sont** noir[es]

4 Animaux fantastiques au marché!

Que dit l'extra-terrestre?

Exemple:

J'ai deux lapins.
Ils sont rouges!

Extra!
A vendre

Et tes animaux fantastiques?

1 Mon frère a un crocodile

 Ecoute.

1 Mon frère a un crocodile. Il est grand.
Il s'appelle Cyril.

2 Il est vert et il est gros.
Je préfère *mes* animaux.

3 Moi, j'ai deux petits lapins.
Ils sont bleus et ils sont bruns.

4 J'ai une souris et elle est grise.
Elle a cent ans. Elle s'appelle Louise.

5 J'ai deux rats, Alphonse et Mec.
Ils vont à la discothèque.

6 J'ai un cheval. Il s'appelle Dédé.
Il regarde la télé.

7 Mon frère a un crocodile. Il est grand.
Il s'appelle Cyril.

8 Il est vert. Il est très gros. Il mange
tous mes animaux!

9 Rats, souris, lapins, cheval ...
Maintenant, je n'ai pas d'animal!

2 Comment ça se prononce?

a Lis, prononce et écoute.

1 chien
2 chiens
3 blanc
4 blancs
5 chat
6 chats
7 noir
8 noirs
9 vert
10 verts

b Lis, prononce et écoute.

Extra!

1 crayons
2 règle
3 cahier
4 livres
5 stylos

Silence, s'il vous plaît!

-s

3 Les chiens sont adorables!

Ecoute et lis.

1 Rue St. Lazare

🔊 Ecoute et lis.

Salut!
Je m'appelle Samuel Pétri.
J'ai douze ans et j'habite à Quinzac.
Je joue le rôle de Mathieu dans
la série 'Rue St. Lazare'.
Vous aimez les séries télévisées?
Alors, je vous présente 'ma famille'!

Dans la série je m'appelle Mathieu Lauret et j'ai treize ans. J'ai un frère et une soeur. Mes parents sont séparés et j'habite à Bordeaux avec mon père et ma soeur ...

Alors voici mon père. Il s'appelle Stéphane et il a quarante-huit ans. Il est assez grand et très sympa.

Et voici ma soeur. Elle s'appelle Emmeline et elle a neuf ans. Elle est petite et amusante!

Mon frère habite à Paris avec ma mère. Il a dix-neuf ans et il s'appelle Philippe. Ma mère s'appelle Michèle et elle est très sympa.

Et enfin mon chien! Il s'appelle Astérix et il a deux ans. Il est très grand, brun et pénible!

2 Interview avec Mathieu!

Lis le texte à la page 80 et réponds aux questions.

Exemple: 1 Je m'appelle Mathieu Lauret.

1 Tu t'appelles comment?
2 Tu as quel âge?
3 Tu as des frères et des soeurs?
4 Ils s'appellent comment?
5 Ils ont quel âge?
6 Ils sont comment?
7 Tu as un animal à la maison?
8 Il s'appelle comment?
9 Il a quel âge?
10 Il est comment?

3 Salut, Dominique!

Et moi, je m'appelle Catherine Dubois. Je joue le rôle de Dominque dans la série.

Ecoute la cassette. Note les détails de la famille de Dominique.

4 A toi!

Interviewe ton/ta partenaire.

RAPPEL

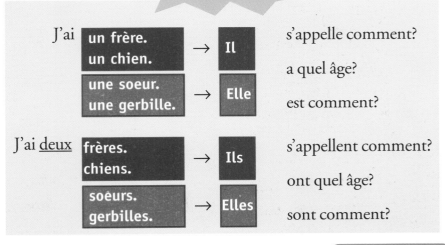

J'ai	un frère. un chien.	→	Il	s'appelle comment?
	une soeur. une gerbille.	→	Elle	a quel âge? est comment?
J'ai <u>deux</u>	frères. chiens.	→	Ils	s'appellent comment? ont quel âge?
	soeurs. gerbilles.	→	Elles	sont comment?

Porte ouverte!

Invente la famille d'une série télévisée!

Dans la série je m'appelle ... et j'ai ...

- Présente-toi!
- Présente et décris ta famille imaginaire (personnes et animaux).
- Attache des photos / images.

Et la famille imaginaire de tes copains?

- Prépare une liste de questions et interviewe des copains.
- Note les détails.
- Tu préfères quelle famille?

Sommaire

Asking about brothers, sisters and pets

Tu as	des frères et des soeurs?
	un animal à la maison?

Have you got any	brothers and sisters?
	pets?

Talking about my brothers and sisters

J'ai	un frère.
	une soeur.
	deux frères / soeurs.
Je suis	fils unique.
	fille unique.

I've got	a brother.
	a sister.
	two brothers / sisters.
I am	an only child. (boy)
	an only child. (girl)

Talking about my pets

J'ai	un chien.
	une souris.
	trois chats.
Je n'ai pas d'animal.	

🔑 **43**

page 71

I've got	a dog.
	a mouse.
	three cats.
I haven't got any pets.	

Introducing other members of the family

Voici	mon grand-père. page 68
	ma grand-mère.
	mes parents.

This is	my grandfather.
	my grandmother.
These are my parents.	

Saying what others are called

| Il / Elle | s'appelle ... |
| Ils / Elles | s'appellent ... |

| He / She | is called ... |
| They | are called ... |

Giving the ages of others

| Il / Marc / Elle / Claire | a | ... ans. |
| Ils / Elles / Marc et Claire | ont | |

| He / Marc / She / Claire | is | ... years old. |
| They / Marc and Claire | are | |

Describing other people and pets

Il est grand.	
Elle est grand⊟.	
Ils sont vert⊟.	
Elles sont vert⊟. pages 76-77	

| He / It / She / It | is | big / tall. |
| They are green. | | |

Asking for more information about other people and pets

Il / Elle s'appelle comment?	
Il / Elle a quel âge? page 67	
Il / Elle est comment?	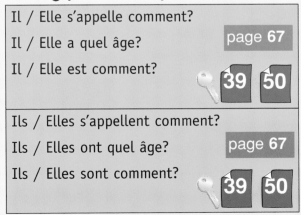
Ils / Elles s'appellent comment?	
Ils / Elles ont quel âge? page 67	
Ils / Elles sont comment?	

| What is he / she / it called? |
| How old is he / she / it? |
| What is he / she / it like? |
| What are they called? |
| How old are they? |
| What are they like? |

5 Visite scolaire

1 Que faites-vous?

2 Nous avons faim

EN CLASSE

3 Nous avons soif

porte ouverte

---

1 Que faites-vous?

1 En route!

Ecoute et lis.

Un, deux, trois …

C'est lundi le 19 mai.
Il est neuf heures moins le quart.
Nous allons en classe au centre de
vacances. Nous quittons le collège
à neuf heures. Au revoir!

2 Notre routine au centre de vacances

a 🔊 Ecoute et lis.

Le matin 9 - 12 h
Activités sportives:

- Foot
- Volley
- Tennis
- Pêche
- Vélo
- Canoë - Kayak
- Natation
- Voile

b Quelle(s) activité(s)?

Ecoute la cassette, regarde le plan et écris la / les bonne(s) lettre(s).

Exemple: 1 = ?

c Regarde le plan. Qu'est-ce qu'on dit?

Nous jouons ...

Nous faisons ...

Nous allons ...

Exemple: 1 = H Nous jouons au foot.

1 = H	2 = B et D	3 = A
4 = F et E	5 = C et G	6 = E et D

d A deux. Jeu de mémoire!

1 Ici, c'est super!

a 📼 Ecoute la cassette et mets dans le bon ordre.

Exemple: C, …

Attention! Il y a dix images, mais seulement <u>neuf</u> activités!

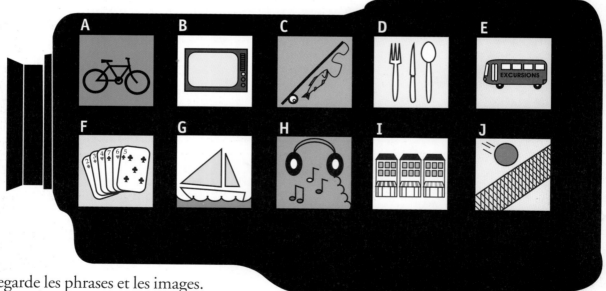

b Regarde les phrases et les images.
C'est quelle lettre?

Exemple: 1 = ?

1 Nous regardons la télé.
2 Nous allons en ville.
3 Nous mangeons.
4 Nous jouons aux cartes.
5 Nous écoutons de la musique.
6 Nous faisons des excursions.

c Et les autres quatre phrases?

ATTENTION!

nous ……… -ons

2 Vous jouez au tennis?

Écoute et lis.

1 Temps libre

Ecoute et lis.

Vous lisez un livre?

Que faites-vous ce soir, M. Duval?

Vous regardez la télé?

Vous écoutez de la musique classique?

Non! Je fais du patin à roulettes!

ATTENTION!

vous ...

vous ...

vous .... -ez?

mais

vous fait<u>es</u> ... ?

2 Vous faites quelle activité?

Pose / Ecris les questions.

Exemple: Vous ... ?

A

B

C

D

E

F

3 Comment ça se prononce?

Vous allez … ?
Nous allons …

a Ecoute et lis.

Dépêchez-vous!

Que faites-vous, Sophie et Lucille?
Vous faites de la voile? Vous allez en ville?
Que faites-vous, Jérôme et Yannick?
Vous regardez les vidéos? Vous écoutez de la musique?
Dépêchez-vous, Claire et Marc!
Nous jouons au foot. Nous allons au parc!

b Ecoute et lis.
Ecoute, lis et répète.

Que faites-vous?	
Vous jouez au foot?	Nous jouons au foot.
Vous regardez les vidéos?	Nous regardons les vidéos.
Vous écoutez de la musique?	Nous écoutons de la musique.
Vous allez au parc?	Nous allons au parc.

c Lis, prononce et écoute.

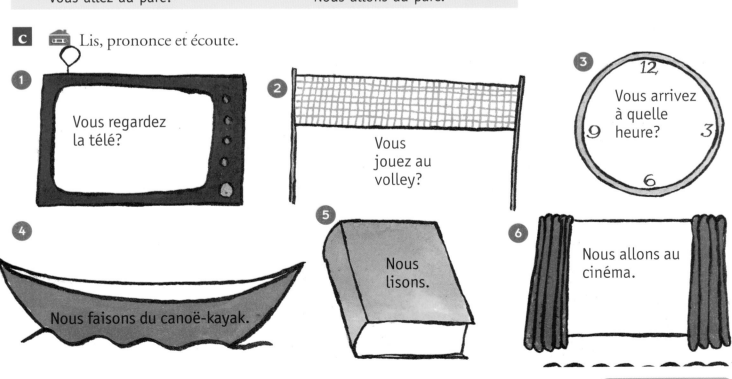

1. Vous regardez la télé?
2. Vous jouez au volley?
3. Vous arrivez à quelle heure?
4. Nous faisons du canoë-kayak.
5. Nous lisons.
6. Nous allons au cinéma.

1 Visite d'une journaliste

a 🔲 Ecoute la cassette et note les activités.

Exemple: canoë-kayak = c-k.

le matin	le soir
c-k	

b 🏠 Lis la carte postale et regarde tes notes.
Quelles sont les différences?

mercredi, le 3 juin

Salut!

Ici, c'est super! Le matin nous faisons
du vélo et du canoë-kayak. Nous
allons en ville et nous jouons au tennis
de table, au volley et au foot.
Le soir nous regardons la télé et nous
écoutons de la musique. Nous jouons
avec l'ordinateur et nous parlons
beaucoup!
A bientôt!
                    Louise
          Olivier
Sandrine   Marc   Yannick

scscc chdd edwsd dwe FRANCE

c Travail à trois ou à quatre.
- Une personne: journaliste.
- Deux ou trois personnes: jeunes au centre de vacances.
  Faites une interview! (Questions? Voir 🗝 **53** et **54** et page 88.)

2 J'en ai marre!

a 🔊 Ecoute et lis.

LA CLASSE D'ENFER

b Comment dit-on … ?

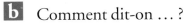

1 C'est combien?

Centimes et francs

> 100 centimes = 1 franc
> 50 centimes = ½ franc

Pièces:

10 centimes

1 franc

2 francs

20 centimes

5 francs

50 centimes (= ½ franc)

10 francs

20 francs

10 francs

Billets:

20 francs

100 francs

50 francs

200 francs

a  Ecoute la cassette et écris la bonne lettre.

A 10F50

B 34F

C 15F

D 7F50

E 16F20

F 28F

G 10F

H 5F

b A deux! C'est combien?

2 Au snack-bar

a 🔊 Ecoute et écris les bonnes lettres.

b Ça fait combien?

3 J'ai faim!

a 🔊 Ecoute et lis.

b A deux. Dialogues au snack-bar.

c 🏠 Fais ta bande dessinée au snack-bar!

1 Tu veux une glace?

▭ Ecoute et lis.
Ecoute, lis et répète.

une glace au café

une glace au chocolat

une glace au citron

une glace à la vanille

une glace à la fraise

une glace à la menthe

GLACES
SIMPLE 8F DOUBLE 15F

2 Qui parle?

▭ Ecoute et regarde.

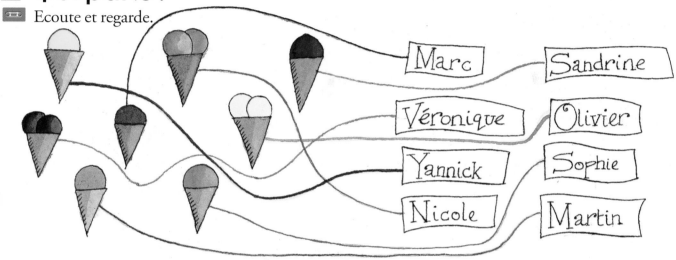

Marc   Sandrine

Véronique   Olivier

Yannick   Sophie

Nicole   Martin

3 Quel parfum?

a ▭ Ecoute et lis.

Tu veux une glace?
Oui, je veux bien.
Quel parfum?
Une glace au chocolat, s'il te plaît.
Une simple ou une double?
Une simple, s'il te plaît.
Voilà.
Merci.

b C'est à vous!

4 Aide-mémoire

Possibilités:

1 Copie et colorie ou souligne:
masculin = bleu et féminin = rouge

un hamburger
un croque-monsieur
une crêpe
une gaufre

ou

un hamburger
un croque-monsieur
une crêpe
une gaufre

→

un hamburger!

2 Copie et apprends par catégorie:

un hot-dog — **snacks** — un hamburger — une crêpe

glaces — une glace au chocolat

Bravo!

3 Dessine un aide-mémoire:

une glace
au chocolat
au café
au citron

une glace
à la vanille
à la fraise
à la menthe

4 Fais un jeu de cartes:

a portion of chips

une portion de frites

Une portion de frites

5 Fais un glossaire électronique:

une crêpe - a pancake

🏠 **Les snacks et les glaces**

a Fais ton aide-mémoire!

b Apprends par cœur.

N'oublie pas page 13!

6 Enregistre les mots et fais un quiz!

a cheese sandwich....
...un sandwich au fromage.....

a cheese sandwich...

un sandwich au fromage

1 Au café

a 🔲 Ecoute et lis.

b 🔲 Ecoute la cassette et regarde les photos.
Vrai ou faux?

1

2

3

4

5

6

c A deux.
Regardez les photos et faites les conversations au café.
Exemple:

> Numéro un.
> Qu'est-ce que tu prends?

> Je prends un coca, s'il te plaît.
> Qu'est-ce que tu prends?

> Un orangina.

2 L'addition, s'il vous plaît!

a 🔲 Ecoute la cassette, lis la conversation et note les détails.

Exemple:
un jus de pomme = jp

– Monsieur, l'addition, s'il vous plaît.
– ____(1)____, ____(2)____, ____(3)____ et ____(4)____, ça fait
____(5)____ francs _____.
– Merci, monsieur. Et où sont les toilettes, s'il vous plaît?
– ____(6)____.
– Merci. Au revoir.

ATTENTION!

à gauche   tout droit   à droite

b A deux.
Continuez la conversation 'Au café' à la page 96!
Exemple: – Monsieur, l'addition, s'il vous plaît!
        etc.

3 Lundi au Café Cool

🔲 🏠 Ecoute.

1 (Pierre)
Bonjour, ma chérie!
Bonjour. C'est lundi.
Allons au café.
Je veux te parler.

  Refrain:
  Lundi au Café Cool, Cool, Cool.
  Au Café Cool.
  Seuls au Café Cool il dit:
  Je t'aime, ma chérie ...

2 (Copain)
Bonjour, Pierre! Ça va?
Il y a une place pour moi?
Garçon! Je voudrais
Un coca, s'il vous plaît.

3 (Pierre)
Bonjour, ma chérie!
Bonjour! C'est mercredi.
Allons au café.
Je veux te parler.

  Refrain:

4 (Copine)
Marie! Me voici!
Voilà mes amis.
Garçon! Deux thés
Et dix-huit cafés!

5 (Pierre)
Bonjour, ma chérie!
Bonjour! C'est vendredi.
Allons au musée.
Je veux te parler.

  Refrain:

  ... je t'aime ma chérie.
  ... je t'aime ma chérie.

6 (Copain)
Pierre et Marie!
Vous êtes ici?
Au Café Cool - venez!
Un citron pressé?

Restauration-rapide!

 Avance  Recule  deux!

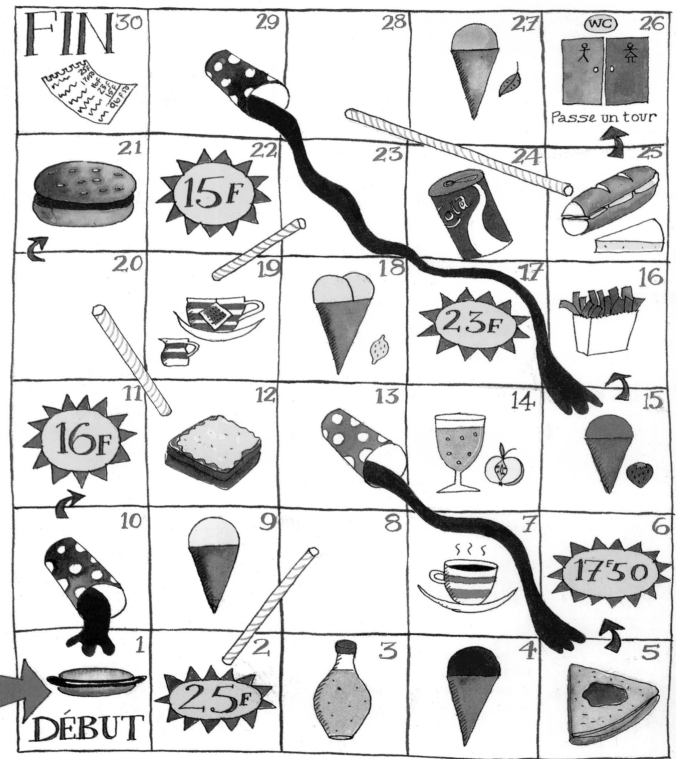

Entre-temps ...

Blague

Au café un client commande
– Un thé sans lait!
– Ah, désolé, monsieur. Nous n'avons pas de lait. Vous prenez un thé sans citron?

Le sais-tu?

Le plus grand restaurant du monde est le Royal Dragon de Bangkok, en Thaïlande. Il peut servir 5000 clients. Les serveurs portent des patins à roulettes pour aller plus vite!

Moi, j'ai soif?

Je peux passer des mois sans boire. Alors, je peux survivre dans le désert où l'eau est rare. Mais si je trouve de l'eau, je peux boire 10 seaux à la fois!

CROQUE-MONSIEUR

Pour quatre personnes:
8 tranches de pain
8 tranches de jambon
125 g de fromage (gruyère)
crème fraîche

- Tu prends les tranches de pain.
- Tu tartines chaque tranche avec de la crème fraîche.
- Tu poses sur chaque tranche de pain: 1 tranche de jambon, sel, poivre, 1 tranche fine de fromage.
- Tu mets les croques-monsieur 10 minutes au four assez chaud (th. 6).

Le désert, c'est super!

a 🔊 Ecoute et lis.

Salut! Bienvenue au Fort Sableux. Je m'appelle Beau Geste et voici mes copains.

Notre routine ici est vraiment chouette. Nous mangeons le petit déjeuner à six heures moins le quart et après nous faisons du sport.

Nous jouons au volley et au foot. Nous faisons aussi du cheval.

J'ai chaud.

L'après-midi, nous faisons des promenades.

Nous mangeons le repas du soir à onze heures et demie. Après, nous jouons aux cartes et nous écoutons de la musique.

Je suis fatigué!

Aujourd'hui, c'est dimanche. Nous faisons une excursion! Nous quittons le fort à huit heures moins le quart et nous allons à l'oasis!

Deux heures plus tard …

Vous faites de la voile?

Non, nous faisons de la natation et après nous allons au café-restaurant.

Tu veux une glace?

Oui, s'il te plaît. Une glace à la vanille.

Bonjour, messieurs. Qu'est-ce que vous prenez?

Un coca, s'il vous plaît.

Et pour moi, un hamburger et une portion de frites, s'il vous plaît!

b Lis 'Le désert, c'est super!' Vrai ou faux?

1 Nous mangeons le petit déjeuner à 6h 15.
2 L'après-midi, nous faisons du sport.
3 Le matin, nous jouons au volley et au foot. Nous faisons aussi du cheval.
4 Nous jouons aux cartes et nous écoutons de la musique à 11h 30.
5 Aujourd'hui, nous faisons une excursion.
6 Nous quittons le fort à 7h 45.
7 A l'oasis nous faisons de la voile.
8 Nous mangeons au café-restaurant.

c Copie et complète les questions.

1 Vous _____ le petit déjeuner à quelle heure?
2 Le matin, vous _____ au foot?
3 Que _____ -vous l'après-midi?
4 Vous _____ de la musique le soir?
5 Que _____ -vous le dimanche?
6 Vous _____ le fort à quelle heure?

RAPPEL!

vous .... -ez
mais
vous <u>faites</u>
(Voir pages 88 et 89
et fiche 54.)

d Réponds aux questions.

e A deux.
Enregistrez l'interview!

RAPPEL!
nous .... -ons

Porte ouverte!

Notre routine au fort

porte ouverte

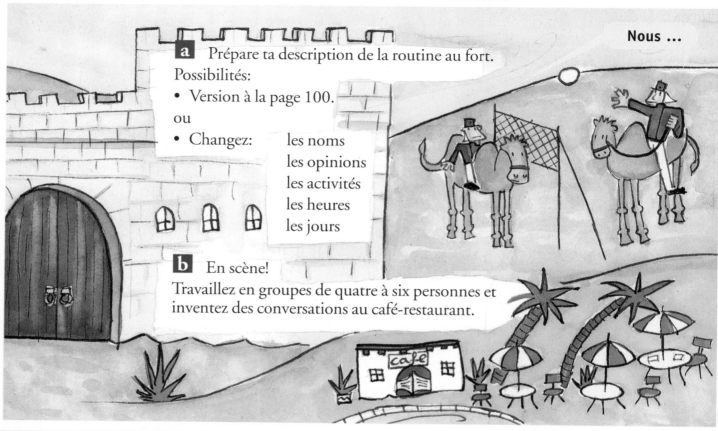

a Prépare ta description de la routine au fort.

Possibilités:

• Version à la page 100.

ou

• Changez:

les noms
les opinions
les activités
les heures
les jours

Nous ...

b En scène!

Travaillez en groupes de quatre à six personnes et inventez des conversations au café-restaurant.

Sommaire
Saying what we do / are doing

Nous jouons	au foot.			play / are playing	football.
	avec l'ordinateur.				on the computer.
	aux cartes.				cards.
Nous faisons	du patin à roulettes.			go / are going	roller-skating.
	de la voile.				sailing.
	des promenades.				walking.
Nous	allons au café.		We	go / are going to the café.
	regardons la télé.			watch / are watching the television.
	écoutons de la musique.			listen to / are listening to music.
	lisons.			read / are reading.
	parlons.			chat / are chatting.
	mangeons.			eat / are eating.
	quittons le collège.			leave / are leaving school.

Asking what other people do / are doing

Que faites-vous?	
Vous	jouez au foot?
	faites des promenades?
	allez au café?
	regardez la télé?
	écoutez de la musique?

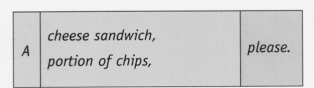

What do you do / are you doing?	
Do you	play / Are you playing football?
	go / Are you going for walks?
	go / Are you going to the café?
	watch / Are you watching television?
	listen to / Are you listening to music?

Asking and saying how much something costs

C'est combien?
Ça fait combien?
Vingt-trois francs cinquante.
Voilà.
Merci.

How much is that?
How much does that come to?
23 F 50.
There you are.
Thank you.

Buying a snack

Un sandwich au fromage, Une portion de frites,	s'il vous plaît.

A	cheese sandwich, portion of chips,	please.

Buying ice-creams

Tu veux une glace?	
Oui, je veux bien.	
Quel parfum?	
Une glace	au chocolat.
	à la vanille.
	page 94

Would you like an ice-cream?	
Yes, I'd like one.	
What flavour?	
A	chocolate	ice-cream.
	vanilla	

Buying a drink

Je prends	un coca.
Tu prends	un café?
Vous prenez	une limonade?
Qu'est-ce que tu prends?	
Qu'est-ce que vous prenez?	
L'addition, s'il vous plaît!	

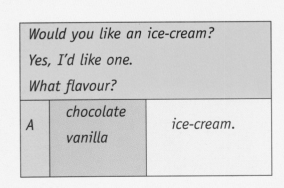

I'll have	a coca cola.
	a cup of coffee?
Would you like	a lemonade?
What would you like?	
Could I have the bill, please.	

6 Tour de France

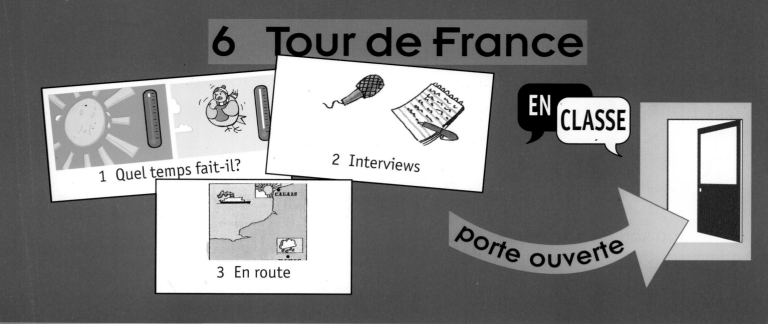

1 Quel temps fait-il?

2 Interviews

3 En route

EN CLASSE

porte ouverte

1 Quel temps fait-il?

1 Quel temps fait-il, aujourd'hui?

Ecoute et mets dans le bon ordre.

Exemple: 1 – C

A Il fait beau.

B Il fait du vent.

C Il fait mauvais.

D Il fait chaud.

E Il fait froid.

F Il pleut.

G Il neige.

H Il fait du brouillard.

I Il fait du soleil.

2 La météo

a  Regarde la carte et écoute la météo. Vrai ou faux?

Exemple: 1 Faux

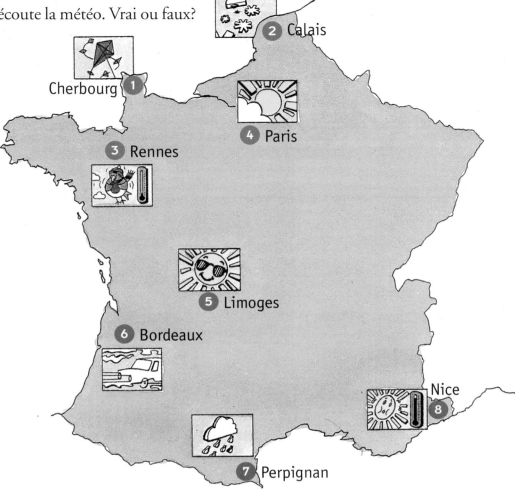

b Ecris la météo.

Exemple:

A Cherbourg il fait du vent.

c A toi!

Prépare une météo différente.

Moi
Ch - sol.
Ca - pl.
Re - brou.
P

e Fais un aide-mémoire.

Il fait beau
Il pleut

etc

d A deux.

Moi

> **Quel temps fait-il à Cherbourg?**

> **Il fait beau.**

Mon/ma partenaire

Note la réponse.

Mon/Ma partenaire

beau

1 Comment ça se prononce?

a 📼 📷 Ecoute la météo.

au
eau
o

> Voici la météo. Aujourd'hui
>
> A Beaune, à Bordeaux, et à Beauvais
>
> Il fait chaud, il fait beau, il fait mauvais.

b 📼 📷 Ecoute et lis.
Ecoute, lis et prononce.

1 Voici la météo.   **2** A Bordeaux   **3** A Beauvais   **4** A Beaune

c 📼 📷 Lis, prononce et écoute.

1    **2**    **3**    **4**

5    **6**

d Copie et complète.

AIDE-MEMOIRE

au
eau
o

__ jourd'hui
b ____
ch __ d
c _ ca
g __ fre
j __ ne

m __ vais
mété _
ois ____
rigol _
tabl ____

2 Au bord de la mer ...

a Regarde les images et les phrases.

Fais les paires.

Exemple: A – à la montagne? à la campagne? ...? ...?

à la montagne

à la campagne

en ville

au bord de la mer

b 📼 Ecoute. C'est quelle image?

c Fais une description des images.

Exemple:

A la campagne,
il fait beau et il ...

Au bord de mer, il fait
beau et il...

1 C'est pas vrai!

a 🔊 Ecoute et lis.

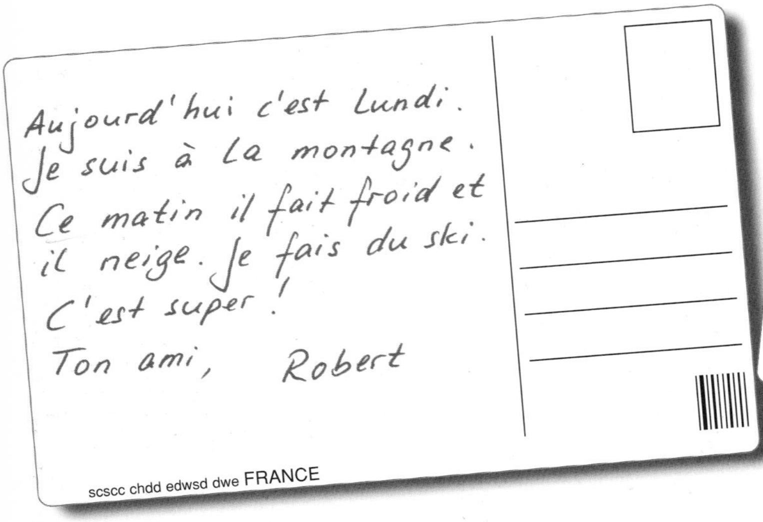

Aujourd'hui c'est Lundi.
Je suis à la montagne.
Ce matin il fait froid et
il neige. Je fais du ski.
C'est super !
Ton ami,   Robert

scscc chdd edwsd dwe FRANCE

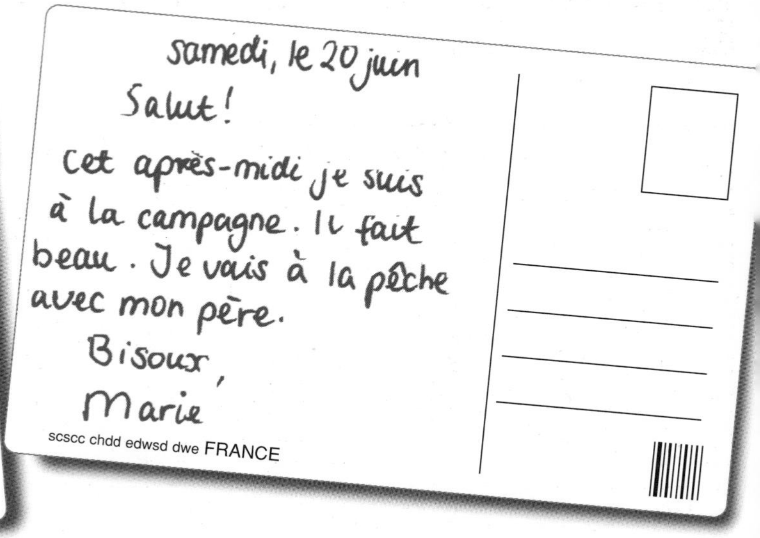

samedi, le 20 juin
Salut !
Cet après-midi je suis
à la campagne. Il fait
beau. Je vais à la pêche
avec mon père.
    Bisour,
    Marie

scscc chdd edwsd dwe FRANCE

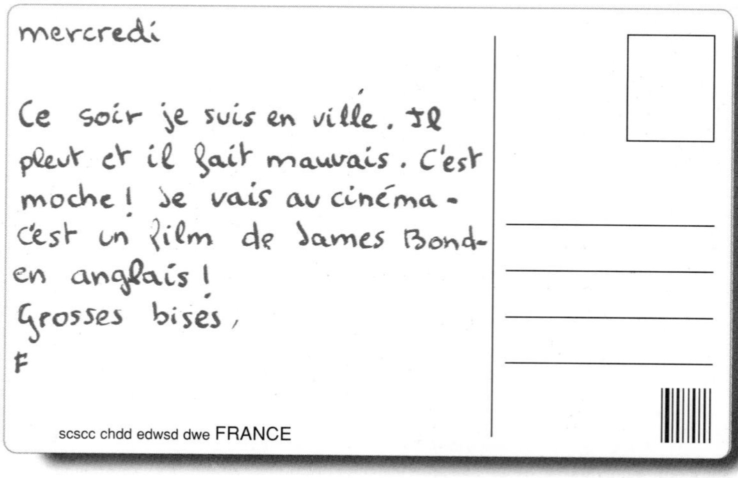

mercredi

Ce soir je suis en ville. Il
pleut et il fait mauvais. C'est
moche ! Je vais au cinéma.
C'est un film de James Bond
en anglais !
Grosses bises,
F

scscc chdd edwsd dwe FRANCE

b Décris tes vacances.

Ce matin je suis

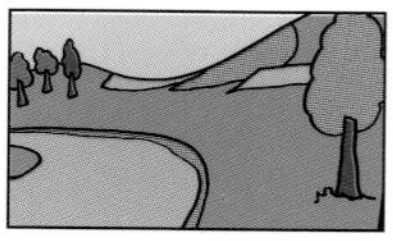

Cet après-midi je ____

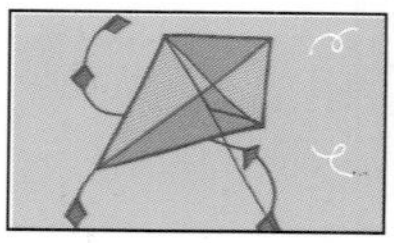

Ce soir ____ ____

Aujourd'hui ____ ____   ? . ? . ? . ?

c 🏠 Ecris ta carte postale!

2 Asseyez-vous, s'il vous plaît!

a Écoute et lis.

LA CLASSE D'ENFER

b Comment dit-on …?

1 Les coureurs arrivent!

a 📼 Ecoute.

b Relie le texte avec la bonne photo.

Ⓐ

Tour de France: première étape. Ce soir il fait beau et il fait chaud. Les coureurs arrivent!

Ⓑ

Ⓒ

Ⓓ

Ⓔ

1 Qu'est-ce qui se passe? Oh non, ils tombent ... Les spectateurs regardent l'accident!

2 Ils quittent la ville.

3 Ils passent devant les spectateurs.

4 Ils montent en ville. Les spectateurs crient. C'est fantastique!

5 Ils arrivent à la rivière.

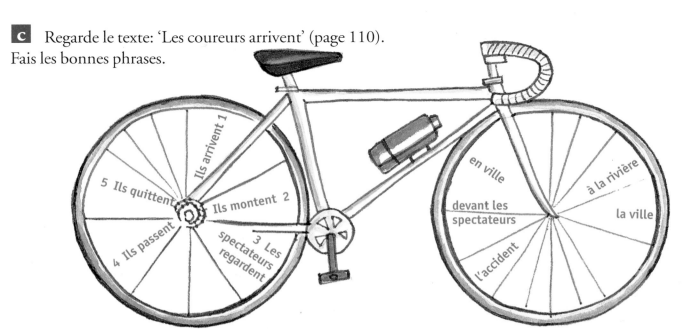

Ils arrivent 1
5 Ils quittent
Ils montent 2
4 Ils passent
3 Les spectateurs regardent

en ville
à la rivière
devant les spectateurs
la ville
l'accident

2 La première équipe: Interview

a 🔲 Ecoute.
b 🔲 Ecoute et mets les images dans le bon ordre.
c Ecoute et regarde les notes du journaliste. Vrai ou faux?
Exemple: 1 Faux

Tour de France - Interview

1 Ils mangent le repas du soir à la maison.

2 Ils ont faim.

3 Ils regardent le Tour de France à la télé.

4 Ils parlent.

5 Ils lisent les magazines de vélo.

6 Ils font de la natation.

7 Ils vont au lit à 11h 30.

8 Ils sont fatigués.

A   E   B   F   C   G   D   H

ATTENTION!

Ils .... -ent

d A deux.
Combien de phrases différentes en cinq minutes?
Exemple:
Ils mangent un sandwich.

ATTENTION!

Ils <u>font</u> une promenade.
Ils <u>ont</u> faim.
Ils <u>vont</u> en ville.
Ils <u>sont</u> fatigués.

Combien de phrases différentes en deux minutes?
Exemple:

Ils font de la natation.

a Ecoute et regarde les photos. Qui parle?

Exemple: 1 - ?

A

B

C

D

E

F

b Relie le texte et la bonne photo.

1 Ils regardent le Tour de France à la télé.

2 Elles jouent au volley.
Elles vont au centre sportif.

3 Ils vont à la montagne.
Ils ont des vélos tout terrain.

4 Ils restent à la maison. Ils écoutent de
la musique. Ils font les devoirs.

5 Ils font du vélo à la campagne.
Ils vont chez des copains.

6 Elles préfèrent le tennis.
Elles font du canoë-kayak.

2 Qu'est-ce qui se passe?

Ecoute et lis.

1 Les enthousiastes

Lis les deux descriptions.

- Thierry Latour est enthousiaste du Tour de France.
- Il a 17 ans.
- Il habite à Lyon.
- Il aime le sport.
- Il fait de la natation et il fait du vélo.

- Françoise Dubois a 16 ans.
- Elle habite à Lyon aussi.
- Elle a deux soeurs et un frère.
- Elle fait du cheval.
- Elle va au cinéma et au centre sportif.
- Elle est enthousiaste du Tour de France!

2 Décris Jean-Pierre et Marianne

a A deux.

Exemple: **Il a 16 ans ... etc.**

Jean-Pierre
Il ...

Jean-Pierre   Il .... 16 ans.
.... Nice.
....

Marianne   Elle .... 17 ans.
.... Calais.
....

ATTENTION!

il ......-e
elle ......-e
                mais
il / elle **a** ... ans
il / elle **est** ...
il / elle **fait** ...
il / elle **va** ....

b Décris une personne différente

3 Le triathlon: première étape

a Ecoute et mets dans le bon ordre.

A

B

C

D

E

F

b Décris le triathlon de Laurent le Lièvre et Thérèse la Tortue.

Exemple:

Le triathlon commence ...

G

4 Mais samedi ils dansent toute la nuit

 Ecoute.

1 Voici ma mère. Elle adore la cuisine.
Elle fait des omelettes à la strychnine,
Des gâteaux de rat et du serpent rôti ...
Mais samedi elle danse toute la nuit!

2 Voici mon père. Il s'appelle Vladimir.
Il est prof de sports au Collège Vampires.
Il joue au volley toujours à minuit ...
Mais samedi il danse toute la nuit!

3 Voici ma soeur. Elle s'appelle Odette.
Elle fait du vélo et joue au cricket.
La balle est la tête de ma Tante Bigoudi ...
Mais samedi elle danse toute la nuit!

4 Voici mes frères, Antoine et Vincent.
Ils sont pénibles. Ils sont méchants.
Ils mangent mes gerbilles. Ils détestent les souris ...
Mais samedi ils dansent toute la nuit!

5 Voilà ma famille. Mes parents formidables.
Mes frères grotesques et ma soeur adorable.
Viens chez moi, mon cher ami
Et samedi tu danses toute la nuit!

Le Rallye de Mauville

Ecoute et lis.

Ce matin, c'est le rallye de Mauville. Il fait chaud.

Voici Charlotte et Charlot, le copilote.

Et voilà Mémé et Mamie avec le chien, Mimi.
Mémé a faim. Elle mange. Mamie n'a pas faim.
Elle ne mange pas.

Voilà. Ils commencent! ... mais il pleut.

Mémé et Mamie passent devant Charlotte.

Mimi n'aime pas les chats.
Mémé et Mamie vont à gauche.

Simon l'Espion et Simone parlent.

Docteur Dodo n'a pas de copilote. Il est dix heures mais le copilote n'arrive pas.

Ils quittent la route et Docteur Dodo passe devant.

Simon et Simone montent dans l'air. Mais ils ont faim et ils vont au restaurant.

Docteur Dodo a un problème.

Charlotte et Charlot arrivent. Ils passent devant Docteur Dodo. Ils gagnent le rallye. Bravo!

Entre-temps ...

Tour de France: quelques chiffres

- plus de 1,000 journalistes
- plus de 180 photographes
- 293 titres de presse
- 67 stations de radio
- 140 chaînes de T.V.
- 15 millions de téléspectateurs
- 670,000 canettes
- 4,000 stylos à destination des journalistes

15 millions de téléspectateurs

1,000 journalistes

4,000 stylos à destination des journalistes

670,000 canettes

180 photographes

Les maillots du Tour de France

Maillot jaune:
leader du Tour de France

Maillot vert:
leader de l'étape

Maillot à pois rouges:
leader à la montagne

Le casque

Le casque est obligatoire mais certains cyclistes n'aiment pas le casque. Ils ont trop chaud. Ils préfèrent la casquette.

Course extraordinaire!

Chaque année, il y a une course à pied dans l'escalier de l'Empire State Building. Le premier coureur qui monte les 1,567 marches gagne la course. Le record est de 10 minutes et 47 secondes!

Les pièces du vélo. Quiz
C'est quoi en français?

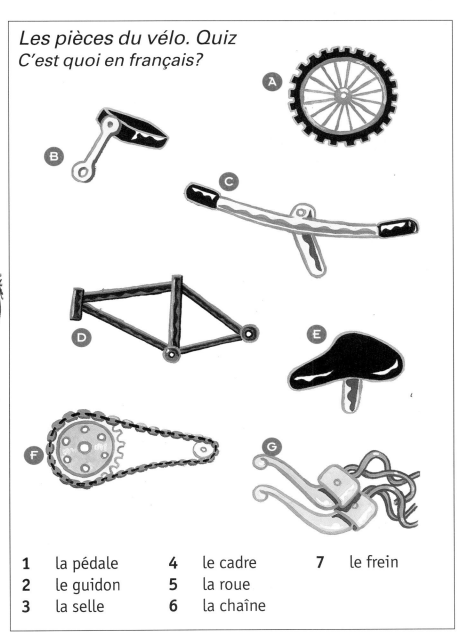

1 la pédale	**4** le cadre	**7** le frein
2 le guidon	**5** la roue	
3 la selle	**6** la chaîne	

L'arc-en-ciel

Après la pluie, il y a parfois un arc-en-ciel. Il y a sept couleurs: rouge, orange, jaune, vert, bleu, indigo, violet. Les couleurs de cet arc-en-ciel sont dans le bon ordre?

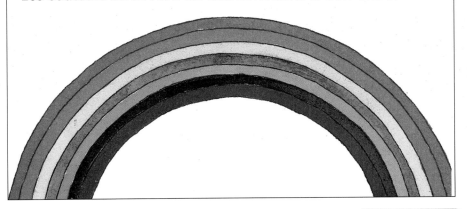

Recherche!

Parle de tes passe-temps!

Où sont les questions?

Où sont les réponses?

Méthode:

1 Regarde les pages 2–3 de PASSE-PARTOUT. Trouve le(s) module(s).

2 Regarde le bon objectif / les bons objectifs et les pages dans ton cahier.

3 Regarde le sommaire du module.

Nom....
Classe...
Matière...

Je fais du patin à roulettes.

C'est quoi en anglais?

Je joue	au foot.
	avec l'ordinateur.
	aux cartes.
Je fais	du patin à roulettes.
	de la natation.
	des promenades.

I play	football.
	on the computer.
	cards.
I go	roller skating.
	swimming.
	walking.

4 Encore des détails?

Comment dit-on 'I go sailing'?

Regarde dans ton glossaire et/ou dans les pages grammaires.

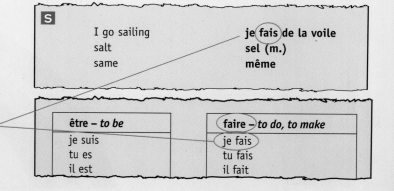

S

I go sailing	je fais de la voile
salt	sel (m.)
same	même

être – *to be*	faire – *to do, to make*
je suis	je fais
tu es	tu fais
il est	il fait

Porte ouverte!

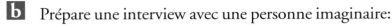

a 🔲 Ecoute la cassette.
Note quatre questions de 1 et 2.

b Prépare une interview avec une personne imaginaire:
- à deux avec un(e) partenaire
- et / ou à trois / quatre avec des copains.

RAPPEL

les questions et les réponses

Voir page 120.

c Fais l'interview.

d Lis 'Presse des jeunes'.

Presse des jeunes

- Il s'appelle Victor Vampire. Il a 13 ans.
- Il a une soeur. Elle s'appelle Mangetout et elle a 15 ans.
- Il a 66 souris!
- Comme passe-temps il va au château de Dracula et il fait du vélo à la campagne à minuit!

- Ils s'appellent Didier et Dorothée Dodo.
- Ils sont enthousiastes du Tour de France.
- Ils ont 12 ans.
- Ils habitent à Calais, au bord de la mer.
- Ils font de la voile et de la natation.
- Ils aiment le collège et ils adorent les sciences.

Tour de France
La météo aujourd'hui
Ce matin il pleut à
Paris mais il fait beau
au bord de la mer.

Quiz
La dernière lettre de 'matin'
La quatrième lettre de 'soleil'
La troisième lettre de 'soir'
La sixième lettre de 'montagne'
La deuxième lettre de 'beau'

Solution: əɓıəu

---

e A trois / quatre.

Faites une page 'Presse des jeunes'.

Sommaire

Talking about the weather

Quel temps fait-il?	
Il fait froid.	
Il fait du vent.	
Il pleut.	
Il neige.	61

What's the weather like?
It's cold.
It's windy.
It's raining.
It's snowing.

Saying where

A Calais, A Paris,	il fait beau.
A la montagne, A la campagne, Au bord de la mer, En ville,	il fait chaud.

In Calais In Paris,	it's fine.
In the mountains, In the countryside, By the sea, In the town,	it's hot.

Saying the time of the day

Aujourd'hui
Ce matin
Cet après-midi
Ce soir

Today
This morning
This afternoon
This evening

Asking what is happening

Qu'est-ce qui se passe?
Que fait-il?
Que fait-elle?

What's happening?
What's he doing?
What's she doing?

Talking about what other people do

Ils / Elles	regardent	la télé.		They	watch the T.V.
	écoutent	la radio.			listen to the radio.
	font	du vélo.			cycle.
	ont	un frère.			have a brother.
	sont	fantastiques.			are great.
	vont	en ville.			go to town.
Il / Elle	habite	à Lyon.		He / She	lives in Lyon.
	joue	aux cartes.			plays cards.
	a	12 ans.			is 12 years old.
	est	sympa.			is nice / pleasant.
	fait	les devoirs.			does homework.
	va	au cinéma.			goes to the cinema.

Talking about what people do not do.

Il	ne	joue	pas	au basket.		He	doesn't play basketball.
Elle	n'	écoute	pas	les CD.		She	doesn't listen to CDs.
Ils	n'	habitent	pas	ici.		They	don't live here.
Elles	ne	vont	pas	en ville		They	don't go into town.

Je parle et je comprends le français!

Grammaire

ATTENTION!

je	I
tu	you
il	he/it
elle	she/it
nous	we
vous	you
ils	they
elles	they

regarder – *to watch, to look at*	
je regard**e**	je **ne** regarde **pas**
tu regard**es**	tu **ne** regardes **pas**
il regard**e**	il **ne** regarde **pas**
elle regard**e**	elle **ne** regarde **pas**
nous regard**ons**	nous **ne** regardons **pas**
vous regard**ez**	vous **ne** regardez **pas**
ils regard**ent**	ils **ne** regardent **pas**
elles regard**ent**	elles **ne** regardent **pas**

aller – *to go*
je vais
tu vas
il va
elle va
nous allons
vous allez
ils vont
elles vont

avoir – *to have*
j'ai
tu as
il a
elle a
nous avons
vous avez
ils ont
elles ont

être – *to be*
je suis
tu es
il est
elle est
nous sommes
vous êtes
ils sont
elles sont

faire – *to do, to make*
je fais
tu fais
il fait
elle fait
nous faisons
vous faites
ils font
elles font

Glossaire
Vocabulaire français – anglais

A

il/elle	a	he/she/it has
	à	at, in, to
d'	accord	alright, OK
	activité (f.)	activity
	addition (f.)	bill
	adorer	to love, adore
	affaires (f.pl.)	things
	âge (m.)	age
j'	ai ... ans	I am ... years old
j'	ai	I have
	aide-mémoire (m.)	reminder
	aïe!	ouch!
	aimer	to like, love
	Allemagne (f.)	Germany
	aller	to go
vous	allez	you go
nous	allons	we go
	alors	well, then
	alphabet (m.)	alphabet
	alphabétique	alphabetical
	amitiés ...	love from ..., best wishes (at the end of letters)
	amusant(e)	fun, funny
	an (m.)	year
	anglais (m.)	English
	Angleterre (f.)	England
	année (f.)	year
	anniversaire (m.)	birthday
	août	August
s'	appeler	to be called
	apprendre	to learn
	après	after
	après-midi (m.)	afternoon
	arc-en-ciel (m.)	rainbow
	arriver	to arrive
Tu	as quel âge?	How old are you?
tu	as	you have
s'	asseoir	to sit down
	assieds-toi!	sit down!
	asseyez-vous!	sit down!
	assez	enough
	attacher	to attach
	attention!	pay attention! watch out!
	au (pl. aux)	at, in, to
	au revoir	goodbye
	aujourd'hui	today
	aussi	as well, also, too
	autre	other
	avancer	to go forward
	avec	with
	avoir	to have
nous	avons	we have
vous	avez	you have
	avril	April

B

	bande (f.) dessinée	cartoon
	basket (m.)	basketball
il fait	beau	it's fine
	beaucoup	a lot
	Belgique (f.)	Belgium
	bibliothèque (f.)	library
	bien	well, good
	bientôt	soon
	bienvenue	welcome
	billet (m.)	ticket
	blague (f.)	joke
	blanc(he)	white
	bleu(e)	blue
	blouse (f.)	coat
	boire	to drink
	bon appétit	enjoy your meal
	bon(ne)	good; right
	bonjour	hello
	bord (m.)	side
au	bord de	beside
	bravo!	well done!
il fait du	brouillard	it's foggy
	brun(e)	brown

C

	c'est à toi	it's your turn
	c'est à vous	it's your turn
	c'est	it is
	ça	that; this
	ça va	I'm OK
	ça va?	How are you?
	cadre (m.)	frame
	café (m.)	café; coffee
	cahier (m.)	exercise book
	calculer	to calculate
	calme	calm
	campagne (f.)	countryside
	canard (m.)	duck
	canari (m.)	canary
je fais du	canoë-kayak (m.)	I go canoeing
	cantine (f.)	canteen
	carte (f.) postale	postcard
	cartes (f.pl.)	cards
	case (f.)	square (in a board game)
	casque (m.)	helmet
	casquette (f.)	cap
	casse-tête (m.)	puzzle
	catégorie (f.)	category
	ce(tte)	this
	célébrité (f.)	celebrity
	cent	hundred
	centime (m.)	*centime* (100 per *franc*)
	centre (m.)	centre
	centre (m.) de documentation	library
	chaîne (f.)	channel (TV)

	chaise (f.)	chair
	chambre (f.)	bedroom
bonne	chance!	good luck!
	changer	to change
	chanter	to sing
	chaque	each
	charmer	to attract
	chat (m.)	cat (male)
	château (m.)	castle
	chaton (m.)	kitten
	chatte (f.)	cat (female)
j'ai	chaud	I'm hot
il fait	chaud	it's hot
	chauve-souris (f.)	bat
	Cher (Chère)	Dear ... (at the beginning of letters)
	chercher	to look for
	cheval (m.)	horse
je fais du	cheval	I go horse-riding
	chèvre (m.)	goat
	chez	at ....'s house
	chic	brilliant
	chien (m.)	dog (male)
	chienne (f.)	dog (female)
	chiffre (m.)	figure, number
	chiot (m.)	puppy
	chocolat (m.)	chocolate
	choisir	to choose
	chouette	great
	cinéma (m.)	cinema
	cinq	five
	cinquante	fifty
	cinquième	fifth
	citron (m.)	lemon
	clair(e)	clear
	classe (f.)	class
	classique	classical
	client(e) (m./f.)	customer
	cobaye (m.)	guinea-pig
	coca (m.)	coke
	cochon (m.) d'Inde	guinea pig
	coeur (m.)	heart
	collège (m.)	school
	colorier	to colour in
	combien?	how many?
	commander	to order
	comme	as; like
	commencer	to start
	comment?	how?; what?
	compléter	to complete
	comprendre	to understand
	concours (m.) d'animaux	pet show
	concours (m.)	show; competition
tu	connais	you know
	connaître	to know
	continuer	to continue
	copain (m.)	friend (male)
	copine (f.)	friend (female)
	copier	to copy

	copilote (m./f.)	co-pilot
	correspondant(e) (m./f.)	penfriend
	corriger	to correct
	couleur (f.)	colour
	coureur (m.)	competitor; cyclist
	cours (m.)	lesson
	course (f.)	race
	cousin(e) (m./f.)	cousin
	crayon (m.)	pencil
	crème (f.)	cream
	crêpe (f.)	pancake
	crier	to shout
	croque-monsieur (m.)	toasted sandwich
	cycliste (m./f.)	cyclist

D

	dans	in(to)
	danse (f.)	dancing
	de	of; from
	début (m.)	start
	décembre	December
	décrire	to describe
	déjeuner (m.)	lunch
	demi(e)	half
	demi-frère (m.)	step-brother
	demi-soeur (f.)	step-sister
il est 10 heures et	demie	it's half past 10
se	dépêcher	to hurry
	dépêche-toi!	hurry up!
	dépêchez-vous!	hurry up!
	dernier (dernière)	last
	désert (m.)	desert
	dessin (m.)	art
	dessiner	to draw
	détail (m.)	detail
	détester	to hate
à	deux	in pairs
	deux	two
	deuxième	second
	devant	in front of
	devoirs (m.pl.)	homework
	différence (f.)	difference
	différent(e)	different
	difficile	difficult
	dimanche	Sunday
	dire	to say
	dix	ten
	dix-huit	eighteen
	dix-neuf	nineteen
	dix-sept	seventeen
	docteur (m.)	doctor
	doucement	gently; quietly
	Douvres	Dover
	douze	twelve
tout	droit	straight on
à	droite	on the right

E

	eau (f.)	water
je joue aux	échecs	I play chess
	école (f.)	school
	écouter	to listen
	écrire	to write
	éducation (f.) civique	social studies
	éducation (f.) physique	PE, physical education
	éducation (f.) religieuse	RE, religious education
	église (f.)	church
	électronique	electronic
	elle	she, it
	elles	they (feminine)
	emploi (m.) du temps	school timetable
	emporter	to carry
	en	in
	encore	again
	enfant (m./f.)	child
la classe d'enfer (m.)		the class from Hell
	ennuyeux (ennuyeuse)	boring
	enregistrer	to record
	enthousiaste de ...	a fan of ...
	entraînement (m.)	training
	entre	between
	entre-temps	meanwhile, in the meantime
	entrée (f.)	entrance fee
	équipe (f.)	team
	erreur (f.)	mistake
tu	es	you are
	escalier (m.)	staircase
	Espagne (f.)	Spain
	espagnol (m.)	Spanish
	espion (m.)	spy
il/elle	est	he/she/it is
	et	and
...	et demi(e)	half past ...
	étape (f.)	stage
ont	été	have been, were
vous	êtes	you are
	être	to be
	étude (f.)	study
	exemple (f.)	example
	extra-terrestre (m.)	extraterrestrial
	extraordinaire	extraordinary

F

	facile	easy
j'ai	faim	I'm hungry
	faire	to do; make
je	fais	I do; make
tu	fais	you do; make
il/elle	fait	he/she/it does; makes
nous	faisons	we do; make
vous	faites	you do; make
	famille (f.)	family
	fantastique	fantastic
	fatigué(e)	tired
	faux	false

	favori(te)	favourite
	femelle (f.)	female
	féminin(e)	feminine
	fenêtre (f.)	window
	fête (f.)	party
	février	February
	fiche (f.)	sheet; card
	fille (f.) unique	only child (girl)
	fils (m.) unique	only child (boy)
	fin (f.)	end
	fin(e)	fine
	fois (f.)	time
ils/elles	font	they do; make
je joue au	foot (m.)	I play football
	four (m.)	oven
	frais (fraîche)	fresh
	fraise (f.)	strawberry
	français (m.)	French
	frein (m.)	brake
	frère (m.)	brother
	frite (f.)	chip
j'ai	froid	I'm cold
il fait	froid	it's cold
	fromage (m.)	cheese

G

	gagner	to win
j'ai	gagné	I've won
	garçon (m.)	boy
	garder	to look after
	gars (m.pl.)	lads
	à gauche	on the left
	gauffre (f.)	waffle
	géo(graphie) (f.)	geography
	gerbille (f.)	gerbil
	glace (f.)	ice-cream
	glossaire (m.)	glossary
	gomme (f.)	rubber
	grammaire (f.)	grammar
	grand(e)	large; tall; great
	grand-mère (f.)	grandmother
	grand-père	grandfather
	gris(e)	grey
	groupe (m.)	group
	guidon (m.)	handlebars

H

	habiter (à)	to live (in)
	handicapé(e)	disabled
	heure (f.)	time; hour
il est ...	heure(s)	it's ... o'clock
	hippopotame (m.)	hippopotamus
	histoire (f.)	history; story
	homme (m.)	man
	huit	eight
	huitième	eighth

I

	ici	here
	idée (f.)	idea
	il	he; it
	il y a	there is, there are
	ils	they (masculine)
	image (f.)	picture
	imaginaire	imaginary
	infinitif (m.)	infinitive
	informatique (f.)	computer studies, I.T.
	installer	to place
	intéressant(e)	interesting
	interviewer	to interview
	intrus (m.)	odd-one-out
	inventer	to invent
	irrésistible	irresistible
	Italie (f.)	Italy

J

	jambon (m.)	ham
	janvier	January
	jardin (m.) public	park
	jaune	yellow
	je	I
	jeu (m.)	game
	jeudi	Thursday
	jeune	young
	jouer à	to play (sport)
	jour (m.)	day
	journée (f.)	day
	juillet	July
	juin	June
	jus (m.)	juice

L

	lait (m.)	milk
	lapin (m.)	rabbit
	légende (f.)	key (to a code)
	lentement	slowly
	lettre (f.)	letter
	libre	free
	lièvre (m.)	hare
	limonade (f.)	lemonade
	lire	to read
je	lis	I read
	liste (f.)	list
	lit (m.)	bed
	livre (m.)	book
	Londres	London
... de	long	... long
	loup (m.)	wolf
	lundi	Monday

M

	ma	my
	mai	May
	maillot (m.)	jersey
	mais	but
	maison (f.)	house
	à la maison	at home
	je me sens malade	I feel ill
	mâle (m.)	male
	mammifère (m.)	mammal
	manger	to eat
	marche (f.)	step
	marché (m.)	market
	mardi	Tuesday
	Maroc (m.)	Morocco
	marrant(e)	funny
j'en ai	marre!	I'm sick of it!, I've had enough!
	mars	March
	masculin(e)	masculine
	matière (f.)	subject (at school)
	matin (m.)	morning
il fait	mauvais	the weather's bad
	même	same
	mémoire (f.)	memory
	menthe (f.)	mint
	mer (f.)	sea
	merci	thank you
	mercredi	Wednesday
	mère (f.)	mother
	mes	my
	météo (f.)	weather forecast
	méthode (f.)	method
	mettre	to put
tu	mets	you put
	midi	noon, midday
	minuit	midnight
	moche	awful, rubbish
	moi	me
...	moins le quart	quarter to ...
...	moins cinq	five to ...
	mois (m.)	month
	mon	my
	monde (m.)	world
	montagne (f.)	mountain
	monter	to go up
	mot (m.)	word
	mots-mobile (m.)	word-mobile
	musique (f.)	music

N

je fais de la	natation	I go swimming
	ne ... pas	not
il	neige	it's snowing
	neiger	to snow
	neuf	nine
	noir(e)	black
	nom (m.)	name
	nombre (m.)	number
	non	no
	nos	our
	noter	to note (down)
	notre	our

	nous	we
	novembre	November
	nuit (f.)	night
	nul	rubbish, useless
	numéro (m.)	number

O

	objectif (m.)	objective
	obligatoire	compulsory
	octobre	October
	oie (f.)	goose
	oiseau (m.)	bird
	oncle (m.)	uncle
ils/elles	ont	they have
ils/elles	ont ... ans	they are ... years old
	onze	eleven
	ordinateur (m.)	computer
	ordre (m.)	order
	ou	or
	où	where
	oublier	to forget
	oui	yes
	ouvert(e)	open

P

	pain (m.)	bread
	paire (f.)	pair
	panique (f.)	panic
	par	by
	paralympique	paralympic
	parc (m.)	park
	pardon	excuse me, pardon?
	parfois	sometimes
	parfum (m.)	flavour
	parler	to speak
	partenaire (m./f.)	partner
en	particulier	in particular
	partir	to leave
	pas de ...	no ...
	passe-temps (m.)	hobby
	passer	to miss; pass
je fais		
du	patin à roulettes	I go roller-skating
	patin (m.)	skating
je vais		
à la	pêche	I go fishing
	pédale (f.)	pedal
	peinture (f.) à l'eau	watercolour painting
	peinture (f.) à l'huile	oil-painting
	pénible	annoying, irritating
	père (m.)	father
	permanence (f.)	private study
	perroquet (m.)	parrot
	perruche (f.)	budgerigar
	personnage (m.)	character
	personne (f.)	person
	petit déjeuner (m.)	breakfast
	petit(e)	small
un	peu	a little

je	peux	I can
il	peut	he/it can
	phasme (m.)	stick-insect
	phrase (f.)	sentence
	pièce (f.)	coin
	pied (m.)	foot
	place (f.)	space, room
	plaire	to please
s'il te	plaît	please
s'il vous	plaît	please
	plan (m.)	map; plan
	plastique (f.)	plastic
il	pleut	it's raining
	pluie (f.)	rain
	pluriel (m.)	plural
	plus de	more than
	plus	more
	poisson (m.)	fish
	poivre (m.)	pepper
	pomme (f.)	apple
	populaire	popular
	porte (f.)	door
	porter	to wear
	poser	to put
	possibilité (f.)	possibility
	pour	for
	pourquoi?	why?
	pratique	practical, useful
	pratiquer	to practise
	préférer	to prefer
	premier (première)	first
	prendre	to take
vous	prenez	you have (food, drink); you take
	préparer	to prepare
se	présenter	to introduce oneself
je me	présente	I introduce myself
	presse (f.)	press
	problème (m.)	problem
	prof (m.)	teacher
	professeur (m.)	teacher
	promenade (f.)	walk
	prononcer	to pronounce
	prononciation (f.)	pronunciation
	puis	then

Q

	qu'est-ce que	what
	Qu'est-ce que c'est?	What is it?
	quarante	forty
... et	quart	quarter past ...
... moins		
le	quart	quarter to ...
	quatorze	fourteen
	quatre	four
	quatre-vingts	eighty
	quatre-vingt-dix	ninety
	quatrième	fourth
	que	what; which

quel(le)?	which?	
quelque	some	
qui?	who?	
quinze	fifteen	
quitter	to leave	
quoi?	what?	

R

rallye (m.)	rally
ranger	to tidy
rapide	fast
rappel (m.)	reminder
rat (m.)	rat
rechercher	to look for
recopier	to copy
récré(ation) (f.)	break
reculer	to go back
regarder	to look at, watch
règle (f.)	ruler; rule
regretter	to be sorry
relier	to join (up)
rendez-vous	meeting, date
repas (m.)	meal
répéter	to repeat
répondre	to answer
réponse (f.)	answer
restauration-rapide (f.)	fast-food
rester	to stay
résultat (m.)	result
retrouver	to find
réviser	to revise
rigolo	funny
rivière (f.)	river
rôle (m.)	role
rouge	red
en route	on the way
rue (f.)	road, street
rythmique	rhythmic(al)

S

	s'il te plaît	please
	s'il vous plaît	please
	sa	his/her/its
	sac (m.)	bag
je	sais	I know
tu	sais	you know
	salle (f.)	room
	salut	hi
	samedi	Saturday
	sans	without
	saucisson (m.)	sausage
	sauvage	wild
	savoir	to know
en	scène	on stage
	sciences (f.pl.)	science
	scolaire	(of) school
	seau (m.)	bucket
	sec (sèche)	dry

	seconde (f.)	second (of time)
	seize	sixteen
	sel (m.)	salt
	selle (f.)	saddle
	séparé(e)	separate
	sept	seven
	septembre	September
	septième	seventh
	série (f.)	series
	sérieux (sérieuse)	serious
	serpent (m.)	snake
	serveur (m.)	waiter
	servir	to serve
	ses	his/her/its
	seulement	only
	si	if
	sixième	sixth
	soeur (f.)	sister
j'ai	soif	I'm thirsty
	soir (m.)	evening
	soixante	sixty
il fait du	soleil (m.)	it's sunny
	sommaire (m.)	summary
	son	his/her/its
	sondage (m.)	survey
ils/elles	sont	they are
	sortir	to take out
	souligner	to underline
	souris (f.)	mouse
je fais du	sport	I play sport
	sportif (sportive)	sporty; sporting
	stylo (m.)	pen
	sud (m.)	south
ça	suffit!	that's enough!
je	suis	I am
	Suisse (f.)	Switzerland
	sur	on, on top of
	surtout	especially
	survivre	to survive
	sympa	nice
	sympathique	nice

T

	ta	your
	taille-crayon (m.)	pencil sharpener
	tard	late
	technologie (f.)	CDT
je regarde la	télé(vision) (f.)	I watch television
	téléspectateur (m.)	viewer
série (f.)	télévisée	television series
	temps (m.)	time; weather
Quel	temps fait-il?	What's the weather like?
	terrain (m.)	ground
	tes	your
	texte (m.)	text
	thé (m.)	tea

thème (m.)	theme	
titre (m.)	title	
toi	you	
toilettes (f.pl.)	toilet	
tomber	to fall	
ton	your	
tortue (f.)	tortoise	
toujours	always	
à tour de rôle	in turn	
tourner	to turn	
tout(e)	all; every	
tranche (f.)	slice	
travail (m.)	work	
travailler	to work	
treize	thirteen	
trente	thirty	
très	very	
trois	three	
troisième	third	
trousse (f.)	pencil case	
trouver	to find	
tu	you	

vos	your	
votre	your	
vouloir	to want	
vous	you	
vrai	true	

Z

zut!	blast! oh no!

U

	un(e)	a, an; one
fille (f.)	unique	only child (girl)
fils (m.)	unique	only child (boy)

V

il/elle	va	he/she/it goes
	vacances (f.pl.)	holidays
je	vais	I go
	vanille (f.)	vanilla
tu	vas	you go
	vélo (m.)	bicycle
	vendredi	Friday
il fait du	vent	it's windy
	vérifier	to check
	vert(e)	green
je	veux	I want
tu	veux	you want
	vie (f.)	life
	ville (f.)	town
	vingt	twenty
	vingtième	twentieth
il/elle	vit	he/she/it lives
	vite	quickly
	vive ...!	long live ...!
	vivre	to live
	vocabulaire (m.)	vocabulary
	voici	here is, here are
	voilà	there is, there are
je fais de la	voile (f.)	I go sailing
	voir	to see
	volley (m.)	volleyball
ils/elles	vont	they go

Vocabulaire anglais – français

A

	a, an	un(e)
	activity	activité (f.)
to	adore	adorer
I	adore	j'adore
	after	après
	afternoon	après-midi (m.)
	again	encore
	age	âge (m.)
	all	tout(e)
	alphabet	alphabet (m.)
	alphabetical	alphabétique
	alright	d'accord
	also	aussi
	always	toujours
I	am	je suis
	and	et
	annoying	pénible
to	answer	répondre
	answer	réponse (f.)
	apple	pomme (f.)
	April	avril
you	are	tu es; vous êtes
they	are	ils/elles sont
to	arrive	arriver
I	arrive	j'arrive
	art	dessin (m.)
	as well	aussi
	as	comme
	at	à
	at ....'s house	chez
to	attach	attacher
pay	attention!	attention!
	August	août
	awful	moche

B

	the weather's	
	bad	il fait mauvais
	bag	sac (m.)
	basketball	basket (m.)
to	be	être
	bed	lit (m.)
	bedroom	chambre (f.)
	Belgium	Belgique (f.)
	between	entre
	bicycle	vélo (m.)
	bill	addition (f.)
	bird	oiseau (m.)
	birthday	anniversaire (m.)
	black	noir(e)
	blast!	zut!
	blue	bleu(e)
	book	livre (m.)
	boring	ennuyeux (ennuyeuse)
	boy	garçon (m.)

	brake	frein (m.)
	bread	pain (m.)
	break	récré(ation) (f.)
	breakfast	petit déjeuner (m.)
	brilliant	chic
	brother	frère (m.)
	brown	brun(e)
	budgerigar	perruche (f.)
	but	mais
	by	par

C

	café	café (m.)
to	calculate	calculer
to be	called	s'appeler
I am	called	je m'appelle
	calm	calme
I	can	je peux
he/it	can	il peut
	canary	canari (m.)
I go	canoeing	je fais du canoë-kayak
	canteen	cantine (f.)
	cap	casquette (f.)
	cards	cartes (f.pl.)
to	carry	emporter
	cartoon	bande (f.) dessinée
	castle	château (m.)
	cat (male)	chat (m.)
	cat (female)	chatte (f.)
	category	catégorie (f.)
	CDT	technologie (f.)
	celebrity	célébrité (f.)
	centime (100 per franc)	centime (m.)
	centre	centre (m.)
	chair	chaise (f.)
to	change	changer
	channel (TV)	chaîne (f.)
	character	personnage (m.)
to	check	vérifier
	cheese	fromage (m.)
I play	chess	je joue aux échecs
	child	enfant (m./f.)
	chip	frite (f.)
	chocolate	chocolat (m.)
to	choose	choisir
I	choose	je choisis
	church	église (f.)
	cinema	cinéma (m.)
	class	classe (f.)
	classical	classique
	clear	clair(e)
	coffee	café (m.)
	coin	pièce (f.)
	coke	coca (m.)
I'm	cold	j'ai froid
it's	cold	il fait froid
	colour	couleur (f.)
to	colour in	colorier
	competition	concours (m.)

	competitor	coureur (m.)	
to	complete	compléter	
	computer	ordinateur (m.)	
	computer studies	informatique (f.)	
to	consider	considérer	
to	continue	continuer	
to	copy	copier; recopier	
to	correct	corriger	
	countryside	campagne (f.)	
	cousin	cousin(e) (m./f.)	
	cream	crème (f.)	
	customer	client(e) (m./f.)	
	cyclist	cycliste (m./f.)	

D

dancing	danse (f.)
date	rendez-vous
day	jour (m.); journée (f.)
Dear ... (at the beginning of letters)	Cher (Chère)
December	décembre
to describe	décrire
detail	détail (m.)
difference	différence (f.)
different	différent(e)
difficult	difficile
disabled	handicapé(e)
to do	faire
I do	je fais
you do	tu fais
he/she/it does	il/elle fait
we do	nous faisons
you do	vous faites
they do	ils/elles font
doctor	docteur (m.)
dog (male)	chien (m.)
dog (female)	chienne (f.)
door	porte (f.)
Dover	Douvres
to draw	dessiner
I draw	je dessine
to drink	boire
I drink	je bois
dry	sec (sèche)
duck	canard (m.)

E

each	chaque
easy	facile
to eat	manger
I eat	je mange
eight	huit
eighteen	dix-huit
eighth	huitième
eighty	quatre-vingts
electronic	électronique
eleven	onze

end	fin (f.)
England	Angleterre (f.)
English	anglais (m.)
enjoy your meal	bon appétit
enough	assez
that's enough!	ça suffit!
entrance fee	entrée (f.)
especially	surtout
evening	soir (m.)
every	tout(e)
example	exemple (f.)
excuse me	pardon
exercise book	cahier (m.)
extraordinary	extraordinaire
extraterrestrial	extra-terrestre (m.)

F

to fall	tomber
he falls	il tombe
false	faux
family	famille (f.)
a fan of	enthousiaste de
fantastic	fantastique
fast	rapide
father	père (m.)
favourite	favori(te)
February	février
feminine	féminin(e)
fifteen	quinze
fifth	cinquième
fifty	cinquante
figure (number)	chiffre (m.)
to find	trouver; retrouver
it's fine	il fait beau
first	premier (première)
fish	poisson (m.)
I go fishing	je vais à la pêche
five	cinq
flavour	parfum (m.)
it's foggy	il fait du brouillard
foot	pied (m.)
I play football	je joue au foot
for	pour
to forget	oublier
forty	quarante
four	quatre
fourteen	quatorze
fourth	quatrième
free time	temps (m.) libre
French	français (m.)
Friday	vendredi
friend	copain (m.), copine (f.)
from	de
funny	marrant(e); amusant(e)
it's funny!	c'est rigolo!

G

	game	jeu (m.)
	gently	doucement
	geography	géo(graphie) (f.)
	gerbil	gerbille (f.)
	Germany	Allemagne (f.)
	glossary	glossaire (m.)
to	go	aller
I	go	je vais
you	go	tu vas
he/she/it	goes	il/elle va
we	go	nous allons
you	go	vous allez
they	go	ils/elles vont
to	go back	reculer
to	go forward	avancer
to	go up	monter
they	go up	ils montent
	goat	chèvre (f.)
	good	bien; bon(ne)
	goodbye	au revoir
	goose	oie (f.)
	grammar	grammaire (f.)
	grandfather	grand-père (m.)
	grandmother	grand-mère (f.)
	great	chouette; grand(e)
	green	vert(e)
	grey	gris(e)
	ground	terrain (m.)
	group	groupe (m.)
	guinea pig	cochon (m.) d'Inde

H

	half	demi(e)
	half past ...	... et demi(e)
	ham	jambon (m.)
	handlebars	guidon (m.)
	hare	lièvre (m.)
he/she/it	has	il/elle a
to	hate	détester
to	have	avoir; prendre
I	have	j'ai
you	have	tu as
we	have	nous avons
you	have	vous avez
they	have	ils/elles ont
you	have (food, drink)	vous prenez
	heart	coeur (m.)
	hello	bonjour
	helmet	casque (m.)
	here	ici
	here is, here are	voici
	hi	salut
	hippopotamus	hippopotame (m.)
	history	histoire (f.)
	hobby	passe-temps (m.)
	holidays	vacances (f.pl.)
at	home	à la maison

	homework	devoirs (m.pl.)
	horse	cheval (m.)
I go	horse-riding	je fais du cheval
I'm	hot	j'ai chaud
it's	hot	il fait chaud
	hotdog	hot-dog (m.)
	hour	heure (f.)
	house	maison (f.)
	how are you?	ça va?
	how many?	combien?
	how?	comment?
	hundred	cent
I'm	hungry	j'ai faim
to	hurry	se dépêcher
	hurry up!	dépêche-toi!; dépêchez-vous!

I

	I	je
	I'm OK	ça va
	ice-cream	glace (f.)
	idea	idée (f.)
	if	si
I feel	ill	je me sens malade
	imaginary	imaginaire
	in	en; dans; à
	in front of	devant
	in turn	à tour de rôle
	infinitive	infinitif (m.)
	interesting	intéressant(e)
to	interview	interviewer
to	introduce oneself	se présenter
I	introduce myself	je me présente
to	invent	inventer
	irresistible	irrésistible
	irritating	pénible
he/she/it	is	il/elle est
	I.T.	informatique (f.)
	it is	c'est
	it's your turn	c'est à toi; c'est à vous
	Italy	Italie (f.)

J

	January	janvier
	jersey	maillot (m.)
to	join (up)	relier
	joke	blague (f.)
	journalist	journaliste (m./f.)
	juice	jus (m.)
	July	juillet
	June	juin

K

	key (to a code)	légende (f.)
	kitten	chaton (m.)
to	know	savoir
I	know	je sais

you know	tu sais

L

lads	gars (m.pl.)
large	grand(e)
last	dernier (dernière)
late	tard
to learn	apprendre
to leave	quitter
I leave school	je quitte le collège
on the left	à gauche
lemon	citron (m.)
lemonade	limonade (f.)
lesson	cours (m.)
letter	lettre (f.)
library	bibliothèque (f.); centre (m.) de documentation
life	vie (f.)
like	comme
to like	aimer
I like	j'aime
list	liste (f.)
to listen	écouter
I listen (to)	j'écoute
a little	un peu
to live	habiter
I live	j'habite
London	Londres
... long	... de long
long live ...!	vive ...!
to look at	regarder
to look after	garder
to look for	chercher; rechercher
a lot	beaucoup
love from ...	(at the end of letters) amitiés ...
to love	adorer, aimer
good luck	bonne chance (f.)
lunch	déjeuner (m.)

M

to make	faire
man	homme (m.)
map	plan (m.)
March	mars
market	marché (m.)
masculine	masculin(e)
May	mai
me	moi
meal	repas (m.)
in the meantime, meanwhile	entre-temps
meeting	rendez-vous
memory	mémoire (f.)
method	méthode (f.)
midday	midi
midnight	minuit
milk	lait (m.)
mint	menthe (f.)

to miss	passer
I miss a go	je passe un tour
mistake	erreur (f.)
Monday	lundi
month	mois (m.)
more	plus
more than	plus de
morning	matin (m.)
Morocco	Maroc (m.)
mother	mère (f.)
mountain	montagne (f.)
mouse	souris (f.)
music	musique (f.)

N

name	nom (m.)
nice	sympa(thique)
night	nuit (f.)
nine	neuf
nineteen	dix-neuf
ninety	quatre-vingt-dix
no	non
no ... (not any ...)	pas de ...
noon	midi
not	ne ... pas
to note (down)	noter
November	novembre
number	nombre (m.); numéro (m.); chiffre (m.)

O

... o'clock	... heure(s)
objective	objectif (m.)
October	octobre
odd-one-out	intrus (m.)
of	de
OK	d'accord
on	sur
one	un(e)
only	seulement
only child (boy)	fils (m.) unique
only child (girl)	fille (f.) unique
open	ouvert(e)
or	ou
to order	commander
order	ordre (m.)
other	autre
ouch!	aïe!

P

pair	paire (f.)
in pairs	à deux
pancake	crêpe (f.)
panic	panique (f.)
paralympic	paralympique
park	jardin (m.) public, parc (m.)

	parrot	perroquet (m.)
	partner	partenaire (m./f.)
	party	fête (f.)
to	pass	passer
	PE	éducation (f.) physique
	pedal	pédale (f.)
	pen	stylo (m.)
	pencil	crayon (m.)
	pencil case	trousse (f.)
	pencil sharpener	taille-crayon (m.)
	penfriend	correspondant(e) (m./f.)
	person	personne (f.)
	physical education	éducation (f.) physique
	picture	image (f.)
	plastic	plastique (f.)
to	play (sport)	jouer à
I	play chess	je joue aux échecs
I	play football	je joue au foot
I	play sport	je fais du sport
	please	s'il te plaît; s'il vous plaît
	plural	pluriel (m.)
	popular	populaire
	possibility	possibilité (f.)
	postcard	carte (f.) postale
	practical	pratique
to	prefer	préférer
I	prefer	je préfère
to	prepare	préparer
	prepare	je prépare
	press	presse (f.)
	private study	permanence (f.)
	problem	problème (m.)
to	pronounce	prononcer
	pronunciation	prononciation (f.)
	puppy	chiot (m.)
to	put	mettre; poser
you	put	tu mets
	puzzle	casse-tête (m.)

Q

	quarter past ...	... et quart
	quarter to ...	... moins le quart
	quickly	vite

R

	rabbit	lapin (m.)
	race	course (f.)
	rain	pluie (f.)
	rainbow	arc-en-ciel (m.)
it's	raining	il pleut
	rally	rallye (m.)
	rat	rat (m.)
	RE	éducation (f.) religieuse
to	read	lire
I	read	je lis
to	record	enregistrer
	red	rouge

	religious education	éducation (f.) religieuse
	reminder	aide-mémoire (m.); rappel (m.)
to	repeat	répéter
	result	résultat (m.)
to	revise	réviser
	rhythmic(al)	rythmique
	right	bon(ne)
on the	right	à droite
	river	rivière (f.)
	role	rôle (m.)
I go	roller-skating	je fais du patin à roulettes
	room	salle (f.); place (f.)
	rubber	gomme (f.)
	rule; ruler	règle (f.)

S

I go	sailing	je fais de la voile
	salt	sel (m.)
	same	même
	Saturday	samedi
	sausage	saucisson (m.)
to	say	dire
he/she	says	il/elle dit
	school	collège (m.); école (f.); scolaire
	science	sciences (f.pl.)
	sea	mer (f.)
	second	deuxième; seconde (f.)
to	see	voir
	sentence	phrase (f.)
	separate	séparé(e)
	September	septembre
TV	series	série télévisée
	serious	sérieux (sérieuse)
to	serve	servir
	seven	sept
	seventeen	dix-sept
	seventh	septième
to	shout	crier
they	shout	ils crient
	show	concours (m.)
to be	sick of it	en avoir marre
I'm	sick of it	j'en ai marre
	side	bord (m.)
to	sing	chanter
	sister	soeur (f.)
to	sit down	s'asseoir
	sit down!	assieds-toi!; asseyez-vous!
	sixteen	seize
	sixth	sixième
	sixty	soixante
I go	skating	je fais du patin
	slice	tranche (f.)
	slowly	lentement
	small	petit(e)
	snake	serpent (m.)
to	snow	neiger

it's snowing	il neige	I'm thirsty	j'ai soif
Social Studies	éducation (f.) civique	thirteen	treize
some	quelque	thirty	trente
sometimes	parfois	this	ce(tte); ça
soon	bientôt	three	trois
to be sorry	regretter	Thursday	jeudi
I'm sorry	je regrette	ticket	billet (m.)
south	sud (m.)	to tidy	ranger
space	place (f.)	time	fois (f.); heure (f.); temps (m.)
Spain	Espagne (f.)		
Spanish	espagnol (m.)	What time is it?	Quelle heure est-il?
to speak	parler	school timetable	emploi du temps
I speak	je parle	tired	fatigué(e)
I play sport	je fais du sport	title	titre (m.)
sporting; sporty	sportif (sportive)	to	à
spy	espion (m.)	toasted sandwich	croque-monsieur (m.)
square (in a board game)	case (f.)	today	aujourd'hui
stage (of a race)	étape (f.)	toilet	toilettes (f.pl.)
on stage	en scène	too	aussi
staircase	escalier (m.)	tortoise	tortue (f.)
to start	commencer	town	ville (f.)
I'll start	je commence	training	entraînement (m.)
the start	début (m.)	true	vrai(e)
to stay	rester	Tuesday	mardi
I stay	je reste	to turn	tourner
step-brother	demi-frère (m.)	twelve	douze
step-sister	demi-soeur (f.)	twenty	vingt
stick-insect	phasme (m.)	two	deux
story	histoire (f.)		
straight on	tout droit	**U**	
strawberry	fraise (f.)	uncle	oncle (m.)
street	rue (f.)	to underline	souligner
subject (at school)	matière (f.)	to understand	comprendre
summary	sommaire (m.)	useful	pratique
it's sunny	il fait du soleil	useless	nul(le)
Sunday	dimanche		
survey	sondage (m.)	**V**	
I go swimming	je fais de la natation	vanilla	vanille (f.)
Switzerland	Suisse (f.)	very	très
		TV viewer	téléspectateur (m.)
T		vocabulary	vocabulaire (m.)
tall	grand(e)	volleyball	volley (m.)
to take	prendre		
I take	je prends	**W**	
to take out	sortir	waffle	gauffre (f.)
tea	thé (m.)	waiter	serveur (m.)
teacher	professeur (m.), prof (m.)	walk	promenade (f.)
team	équipe (f.)	I go for walks	je fais des promenades
television series	série télévisée	to watch	regarder
I watch television	je regarde la télévision	I watch	je regarde
ten	dix	to want	vouloir
text	texte (m.)	I want	je veux
thank you	merci	you want	tu veux
that	ça	watch out!	attention!
theme	thème (m.)	water	eau (f.)
then	alors; puis	on the way	en route
there is, there are	il y a; voilà	we	nous
things	affaires (f.pl.)	to wear	porter
third	troisième		

	weather	temps (m.)
	weather forecast	météo (f.)
	Wednesday	mercredi
	welcome	bienvenue
	well done!	bravo!
	well	bien; alors
	what	qu'est-ce que; que
	what?	quoi?; comment?
	where	où
	which?	quel(le)?
	white	blanc (blanche)
	who?	qui?
	why?	pourquoi?
	wild	sauvage
to	win	gagner
it's	windy	il fait du vent
	window	fenêtre (f.)
	with	avec
	without	sans
	wolf	loup (m.)
I've	won	j'ai gagné
	word	mot (m.)
	word-mobile	mots-mobile (m.)
	work	travail (m.)
to	work	travailler
I	work	je travaille
	world	monde (m.)
to	write	écrire
I	write	j'écris

Y

	year	an (m.); année (f.)
	yellow	jaune
	yes	oui
	you	toi; tu; vous
	young	jeune

Instructions

à deux	in pairs
à la page 96	on page 96
à tour de rôle	in turn
Apprends par coeur.	Learn by heart.
Attention!	Watch out! Pay attention!
C'est quel mot?	Which word is it?
C'est quel numéro?	Which number is it?
C'est quelle lettre?	Which letter is it?
C'est quelle photo?	Which photo is it?
C'est quoi en anglais?	What is it in English?
C'est quoi en français?	What is it in French?
Ça s'écrit comment?	How do you spell that?
Change(z) ...	Change ...
Change les activités.	Change the activities.
Change les phrases.	Change the sentences.
Chante.	Sing.
Choisis(sez) ...	Choose ...
Choisis la bonne image.	Choose the correct picture.
Choisis une lettre.	Choose a letter.
Coche la bonne case.	Tick the correct square.
Coche(z) une activité.	Tick an activity.
Colorie les images.	Colour in the pictures.
Combien de phrases différentes en deux minutes?	How many different sentences in two minutes?
Combien de questions différentes en cinq minutes?	How many different questions in five minutes?
Comment ça se prononce?	How do you pronounce that?
Comment dit-on 'tortoise' en français?	How do you say 'tortoise' in French?
Complète les phrases.	Complete the sentences.
Complète, coupe et colle.	Complete, cut up and paste.
Compte(z) les votes.	Count the votes.
Continue(z) la conversation.	Carry on the conversation.
Copie et complète.	Copy and complete.
Copie, écoute et complète.	Copy, listen and complete.
Copie en écriture anglaise	Copy in English writing
Corrige les erreurs.	Correct the mistakes.
Découpe.	Cut out.
Décris ...	Describe ...
Dessine un aide-mémoire.	Draw something to help you remember.
Devine(z).	Guess.
Ecoute.	Listen.
Ecoute et coche.	Listen and tick.
Ecoute et complète.	Listen and complete.
Ecoute et dessine.	Listen and draw.
Ecoute et écris les bonnes lettres.	Listen and write down the correct letters.
Ecoute et lis.	Listen and read.
Ecoute et mets les images dans le bon ordre.	Listen and put the pictures in the correct order.
Ecoute et regarde.	Listen and look.
Ecoute et remplis les cases.	Listen and fill in the squares.
Ecoute et répète.	Listen and repeat.
Ecoute la cassette.	Listen to the cassette.
Ecoute, lis et chante.	Listen, read and sing.
Ecoute, lis et répète.	Listen, read and repeat.
Ecris dans l'ordre alphabétique.	Write in alphabetical order.
Ecris dans l'ordre de préférence.	Write in order of preference.
Ecris dans ton cahier.	Write in your exercise book.
Ecris la bonne lettre.	Write the correct letter.

Ecris les bonnes phrases.	Write the correct sentences.
Ecris les bonnes réponses.	Write the correct answers.
Ecris les conversations.	Write out the conversations.
Ecris les lettres dans le bon ordre.	Write the letters in the correct order.
Ecris les matières de mémoire.	Write the subjects from memory.
Ecris les noms.	Write the names.
Ecris/Ecrivez une liste de questions.	Write out a list of questions.
Encore une fois.	Again.
Encore une fois de mémoire!	Once more, from memory!
Enregistre(z).	Record.
Et toi?	And what about you?
Exemple:	Example:
Fais des panneaux pour ton collège.	Make some signs for your school.
Fais des phrases.	Make up sentences.
Fais/Faites l'interview.	Carry out/Do the interview.
Fais les paires.	Match up the pairs.
Fais un sondage.	Carry out a survey.
Fais une description des photos.	Describe the photos.
Interviewe ton/ta partenaire.	Interview your partner.
Invente(z) ...	Invent ...
Joue avec ton/ta partenaire.	Play the game with your partner.
Lis et dessine.	Read and draw.
Lis et prononce.	Read and say out loud.
Lis et répète.	Read and repeat.
Lis la conversation.	Read the conversation.
Lis(ez) la lettre.	Read the letter.
Lis le texte à la page 80.	Read the text on page 80.
Lis les phrases.	Read the sentences.
Mets dans l'ordre alphabétique.	Put into alphabetical order.
Mets dans le bon ordre.	Put into the correct order.
Mets la bonne image.	Put in the right picture.
Mets le bon numéro.	Put in the correct number.
Mets le mot dans la bonne case.	Put/Write the word into the correct square.
Note le bon détail.	Note the correct detail.
Note(z) les détails.	Note the details.
Pose les questions.	Ask the questions.
Prépare une description.	Prepare a description.
Prépare une liste de questions.	Prepare a list of questions.
Prononce.	Say out loud.
Qu'est-ce que c'est?	What is it?
Que dit Claude?	What is Claude saying?
Quelles sont les différences?	What are the differences?
Qui parle?	Who is talking?
Recopie et complète cette lettre.	Copy and complete this letter.
Recopie les phrases.	Copy the sentences.
Regarde dans ton glossaire anglais-français.	Look in your English-French glossary.
Regarde et écoute.	Look and listen.
Regarde et lis.	Look and read.
Regarde la bande dessinée.	Look at the cartoon strip.
Regarde la légende.	Look at the key.

Regarde le plan.	Look at the plan/map.
Regarde le sommaire du module.	Look at the unit summary.
Regarde le texte.	Look at the text.
Regarde les images.	Look at the pictures.
Regarde dans les pages grammaires.	Look at the grammar section.
Regarde(z) les photos.	Look at the photos.
Relie la phrase et la photo.	Match the sentence and the photo.
Relie le texte avec la bonne photo.	Match the text with the correct photo.
Relie les partenaires.	Join up the pairs.
Remplis la grille.	Fill in the grid.
Remplis les blancs.	Fill in the gaps.
Répète.	Repeat.
Réponds aux questions.	Answer the questions.
Souligne.	Underline.
Travail à cinq.	Work in fives.
Travaillez en groupes.	Work in groups.
Trouve la bonne image.	Find the correct picture.
Trouve le bon mot.	Find the correct word.
Trouve(z) les bonnes réponses à la page 44.	Find the correct answers on page 44.
Trouve les objets.	Find the objects.
Vérifie dans ton glossaire français-anglais.	Check in your French-English glossary.
Vérifie tes réponses.	Check your answers.
voir page 120	see page 120
Vrai ou faux?	True or false?